神靈越界

人群、眾魂的歷史競逐與原民復振

梁廷毓 著

獻給

淡北地帶的人與眾靈

目錄

序　尋靈的書寫

至今仍無法想像，自己會寫出這本關於淡北地區原住民信仰流變與復振的小書。我既不是凱達格蘭的原住民族人，也不是在淡北地區出生的漢人，一切都是來到此地就學的一段機緣。

自大學開始，我對我們學校附近的環境、社區與地方人群歷史，就產生不少興趣。在本書中屢屢提及的淡水河、關渡宮、關渡平原、硫磺谷、大屯山與七星山等地，都是大學時期就常常遊歷的地點。回想起來，自二〇一二年到臺北藝術大學就讀算起，我已經在臺北市與新北市生活了十個年頭，其中有四年的時間生活在關渡，六年的時間都住在新北市淡水的竹圍。從學校往返淡北各地的交通過程，幾乎已經成為我的日常。

但是，一直要到研究所時期，因為對於藝術創作與實踐方法論的思考，產生不同於以往的轉型，才開始讓我對此地有更深的關懷與認識，並且在淡北地區結識了不少在地的凱達格蘭原住民族人和漢人耆老。這一段經歷，也幾乎重構過往我對於平埔族歷史的認識，因為他們並沒有消失，反而真真實實地活在這一片土地上。尤其是二〇一六年以來，不論是在北投保德宮的長期蹲點經驗、參與潘姓家族的神靈祭祀與廟陣活動，或是在淡水、北投與士林一帶探尋地方墓塚、陰祠與廟宇的過程，以及拜訪凱達格蘭族的「聖山」及其祖靈之地，都讓我感受到「靈」的存在與其介入人群歷史之間的幽微關係。凡此，皆成為我所珍視的經驗。

二〇一六年的夏季，因緣際會下，我結識了保德宮具凱達格蘭族身分的潘姓家族，開啟了一段長期性的宮廟事務及活動的參與過程。舉凡文化資產相關的社區公聽會、廟址與地租的協調會、廟陣與祭典討論會、一年一度的南巡參香、遶境、王爺聖誕和農曆普渡等活動，我都多次在場進行記錄並親身參與，至今已經有八年左右的時間。但嚴格說來，直到二〇二四年中旬，我並沒有在其間創作任何相關的作品，而是選擇透過工作坊、放映會、論壇、走讀與廟牌修復工作等等——這一系列介於文史與藝術性質之間的活動，來思考藝術實踐與平埔族群彼此之間可以激發的關聯。

當我們翻閱資料，可以發覺目前關於大屯山系及淡水河流域附近原住民部落之研究，一方面從荷蘭、西班牙時期的檔案史料，進行村社位置的考訂，並銜接至清代文獻裡的部落名稱；另一方面，則是透過史料與地契文書，討論部落的土地墾殖、經濟型態、地權變遷與原漢人群的互動情形。與前述豐厚的研究成果相比，卻鮮少有從部落傳統文化、祖靈與泛靈信仰變遷的角度，描寫當地原住民族的祖靈信仰在接觸到西方宗教、漢人道教與民間信仰的過程當中，產生對超自然的「靈」（supernatural spirit）的轉化、接受與吸納的情形。不可諱言地，歷來在平埔族方面的臺灣史研究，給予我諸多認識層面的收穫與思考啟發。但是，無論歷史學的研究是否有對史料檔案進行批判，或是找到另闢蹊徑的解讀方式，一旦我置身於當代平埔族人的文化實踐場域當中，就會意識到自己無法停留於對史料文獻的依賴和魅惑，重要的仍是那一處不斷流變的社會現場。

我曾聽聞過幾位資深的人類學家在私底下閒聊時，談到他們在長年的田野調查過程，不論是在漢人聚落或原住民部落，都遭遇到不少「無法解釋」的靈異現象，或是親身接觸過的超自然體驗，但在撰寫學術論文時，卻難以將這些深刻的生命體會寫入其中，只能以「存而不論」的方式擱置「靈」的問題，淪為茶餘飯後的話題。然而，這種無法自外於「靈」的世界，卻是在這本書的寫作當中，至關重要的部分，所以對我自己而言，這是一本探尋土地之「靈」的書寫，並不完全將「靈」視為一種心理性與社會性的想像，而是從民間社會的角度，承認「祂」在歷史流變中的幽微作用。

歷史檔案確實有其誘人之處，但它並不會產生勾魂的效果，因為檔案中的死者往往非常冰冷。很多的研究者都已經指出：一座廟宇或土地祠的建立，實際上和不同人群勢力的競合、人際網絡的建構，以及地方社會的發展等因素，有著緊密的關係，此種思考也帶給我諸多的啟發。但是，民間社會中視為真實的「靈」，往往也在這一套講求實證、分析和理性思維的敘事下，祂們的存在若不是被長期擱置，就是被壓抑了。本書並不是在標舉一種非人及超自然力量的決定論（determinism），而是希望在人類的社會、政治與經濟運作、環境力量等因素之外，站在民間社會承認「靈」存在的宇宙論和存有論，思考祂們在人群、社會與環境之間蘊含的作用力。

在平埔族原住民與漢人接觸的歷史過程中，臺灣民間社會現場中的「鬼」、「神」與「靈」，總有一種詭譎的真實性和超自然性，持續與人們共處於同一個世界，甚至打開原漢人群雙方在宇宙論層次的協商空間。「靈」的問題並不會因為原漢人群的接觸而被消弭，而是不斷地流轉在不同的祭祀型態及物質形式之間，因為「祂」是自外於人的存有，逼顯出一個不單獨僅有人類主宰的宇宙。因此，本書意欲朝向一種屬靈的歷史觀，聚焦在從過往至當代的臺灣，平埔族群與漢人接觸的過程，如何產生各種層次的「靈力越界」。回顧凱達格蘭族在既往的「平埔研究」中，並沒有涉及到信仰流變與「靈力」的書寫，尤其是「靈」的問題，這在平埔族原住民的歷史境遇和當代復振運動當中，可能是更需要被關注的核心面向。

本書名為「神靈越界」，指向的是疊覆於各種人群及歷史界線上的平埔族祖靈、漢人神祇與淡北地帶的芸芸眾魂。祂們在本書當中，是一種超越人類與自然、生物性與物質性的真實存有，不會因為族群文化詮釋上的差異，以及歷史敘事的競逐而消失，反而深深地滲透進地方人群互動的歷史之中。

相較於先前出版的《噤聲之界：北臺灣客庄與原民的百年纏結和對話》（二〇一四年），這本書在份量上難以比擬，卻是我在二〇一七年至二〇二三年之間——幾乎和《噤聲之界》同時——進行的書寫工作。雖然，我這幾年也在《原住民族文獻》、《臺灣原住民研究論叢》、《人類學視界》與《南島研究學報》等處，發表了幾篇關於北海岸與淡北地區凱達格蘭原住民族的田野調查和研究論文。但是，作為一位非歷史學、非人類學科出身的寫作者，本書若有史料解讀與論述上的偏誤，或是在闡釋及理解上的不足，再請族人與學者老師不吝給予我批評與指教。

作為一位藝術創作者，我一直是從藝術實踐的角度，思考如何將「書籍」視作一種藝術的社會展演形式，又如何透過寫作貫穿自身所能觸及的智識與經驗。以我所身處的臺灣當代藝術場域而言，無論是原住民藝術史中關於平埔族群面向的書寫工作，或是平埔族裔在當代藝術創作及展演實踐方面的成果，目前皆較受到忽視。對於平埔族群的關注，或許有助於我們重新認識長久以來過於二元化的原住民/漢人互動的歷史課題。終究，我是一位在凱達格蘭族人土地上的借居者，既然來到淡北地區生活，那麼試圖理解腳下曾經發生的歷史和今日現狀，是對於這片土地的原住民最基本的尊重。

這本書要感謝非常多人，包含近幾年在淡北地帶遇見的平埔族、漢人耆老，以及在研討會發表與文章寫作過程中，給予諸多寶貴意見和鼓勵的學者老師。我要謝謝策展人徐文瑞與「森人」團隊在藝術實踐上的對話，也要感謝陽明山國家公園管理處的呂理昌先生、保德宮的宮主潘國良大哥，以及身為北投社後裔的陳金萬先生，在諸多書寫工作上的協助，亦要謝謝新北市政府文化局與游擊文化對出版本書的支持。謹以此書獻給凱達格蘭的祖靈，以及那些仍在為了正名、復權與文化復振運動奮鬥的平埔族人們。

本書的用詞及考量

「淡北地區」在過去文獻中，主要涵蓋從淡水、北海岸到大臺北地區的統稱，為基隆河與淡水河流域的一部分，也就是清代光緒年間「淡水縣」的大部分範圍。在當代社會的語境裡，如「淡北道路」指的是淡水河北側沿河之平面道路，今日坊間的文史工作者，也將清代從淡水一帶出發，途經小坪頂至北投、唭哩岸、士林及臺北城的道路，稱為「淡北古道」，空間範圍有隨著時代環境而縮放的現象。本書所指的「淡北地區」，較偏向前者的意涵，但聚焦於新北市境內的淡水、竹圍，以及臺北市轄地的關渡、北投至士林一帶。

本書認為平埔族即是原住民族的一部分，因此書中除了在特定的脈絡下，會沿用既往研究者使用的「平埔族」一詞之外，大多採用「原住民」或「平埔族原住民」。另一方面，因為當代凱達格蘭族裔的認同情況相當複雜，有些族人習慣於平埔族的身分認同，但是有些族人認為應當要用原住民（並認為平埔族一詞，是一種將平埔族視為非原住民的一種方式）。「凱達格蘭族」一詞，大多只有從事族群復振、具有運動經驗的族人、官方介紹和研究者會使用，很多被視為該族的後裔並不會使用這個名稱，作為自我認同的族稱。不過，本書在特定的文脈下，仍會使用「凱達格蘭族」一詞。

不論是使用「原住民」、「平埔族原住民」或「凱達格蘭族」，在本書中都是指稱過去至今仍生活於淡北地區的原住民族。另一方面，除了提及當代原住民的文化復振運動時會使用「族群」一詞，考量「族群」是晚近臺灣社會所型塑的概念，筆者在提到昔日的原漢互動關係時，皆使用「人群」或「社群」來描述。書中所用的「社」一詞（如大屯社、北投社或毛少翁社），有其殖民史脈絡和漢文史料上的意義，並不完全是原住民的實際生活範圍，也不等同於族人對「部落」的空間概念，而是統治者的空間治理單位，對此問題，本書也有進行描述。

幾經考量，筆者在本書中盡量不使用「開荒」、「開發」或「墾荒」一詞，而是以向原住民溝通、協商並取得同意之後，才有經過租地或買地而形成「墾殖」、「進墾」或「拓墾」的行為。「開發」一詞，時常簡化了整地、犁田、耕種、翻土到收穫，以及挖渠、蓋屋、立廟到建庄，這一系列改變環境及生態的複雜過程。另一方面，從人口與社會結構的變遷來看，漢人確實在文化和政治制度層面，進行「侵逼」和「侵吞」，本書也斟酌使用此一用語，並無針對特定的地方漢人家族進行批評之意。

在史料文獻裡，淡北地區原住民族的部落及村社名稱，大多是從族語音譯為漢字，使得同一處地方的社名，在不同的文獻裡，會出現由幾個近似發音的漢字組成之名稱。考量到閱讀時的節奏與順暢度，本書採取統一村社名稱的方式，在村社名稱第一次出現時，將其他以相近漢字組成的名稱，以括弧標註說明。此外，亦必須強調，本書關於「番」之用字，緣於接受口述訪談之耆老在訪談過程中，仍會使用「番仔」指稱當時的原住民，這是受限於地域環境與語言習慣之關係，書中有針對此問題進行描述；「番社」與「熟番」之用詞，則為昔日史料與文獻慣用之文字，並無歧視之意。本書也認為，凱達格蘭族的「靈觀」（concept of spirit）和傳統信仰，無法完全以漢字的「神」、「鬼」與「祖靈」來概括。因此，上述用詞皆是基於閱讀的考量，在特定文脈和語境當中，幾經衡量及權宜下的使用，無法完全代表族語和地方用語的意涵，在此說明之。

前言 重訪平埔族

我可能永遠不會忘記，二〇一七年的時候，一位受族人敬重的潘姓耆老以凱達格蘭族、北投社後裔的身分，帶著年邁的身體，在一場地方公共建設及建案規劃案的公聽會上，使勁地扯著嗓子，對著在場近百位的漢人居民，包括數位地方里長在內，大聲地疾呼，該項公共建設坐落在北投社的「傳統領域」，應該要尊重平埔族原住民的立場和土地歷史。但是，那位耆老講完話後，現場一片靜默，大多數人都皺緊眉頭，或一臉疑惑的樣子，直到某一位里長起身，拿起麥克風說道：

這是一個公共空間的規劃和討論案，未來公共空間就是大家的，每一位居民都可以使用，也不要再區分誰是什麼人……到底誰是平埔族？誰是原住民？其實現在也很難看出來了。我相信今天會到這裡的人，大家都是在北投這裡出生、長大的，大家都一樣關心我們的生活環境，所以請現場各位先進朋友，針對地方建設的規劃做討論就好，這樣討論流程會比較順暢。

這大概是我第一次親眼目睹，一位令人尊敬的平埔族耆老，被「言語暴力」對待的場面。那位里長的言語如刃、話中帶刺，幾乎直接否定了今日臺北這座城市，仍有平埔族原住民存在的事實，也間接將那位耆老提出的卑微訴求，視而不見。雖然現場的多數人，對此問題都非常靜默，卻是一種沉默的暴力和圍剿，彷彿已經有了「平埔族並不存在」的共識和默契。儘管我們的國家元首，在二〇一六年時已經代表政府向平埔族人道歉，也宣告要正視平埔族群所遭受到的歷史傷害。但是，基層的地方社會，顯然拒絕接受國家對平埔族的態度和立場。潘姓耆老的發言被無視，不僅是對發言者本身的不尊重，更反映出地方漢人群體對於平埔族議題的集體緘默。

平埔族群的正名、復權之路

現今原住民族委員會所列名的平埔族群，大致可分為：噶瑪蘭族、凱達格蘭族、道卡斯族、巴宰族、拍瀑拉族、巴布薩族、洪雅族、噶哈巫族、西拉雅族、馬卡道族等數個族群，主要分布在臺灣西半部平地，北起宜蘭平原、北海岸、臺北盆地、竹塹地區與中彰投地區，南迄嘉南平原至高雄、屏東一帶。平埔族群與法定的山地及平地原住民一樣，原本都是居住在臺灣島上的「南島語系」（Austronesian languages）原住民族之一。然而，臺灣多數的平埔族群因為各種殖民及歷史因素，現今並未具有法定原住民身分，長期被排除在政府訂定的「平地原住民」與「山地原住民」身分之外。

截至二〇二四年，《原住民身分法》所定義的原住民，僅包括山地及平地原住民：「山地原住民」為臺灣在一九四五年之前，原籍在山地行政區域內（大多是該時日本劃設之蕃地），且戶口調查簿登記本人或直系親屬為原住民者；「平地原住民」則是日治時期的原籍就是在平地行政區域內，且戶口調查簿登記本人或直系親屬為原住民，並向戶籍所在地之鄉、鎮、市、區公所，申請登記為平地原住民者，包含現今的阿美族、卑南族、邵族、噶瑪蘭族、撒奇萊雅族，以及苗栗南庄鄉和獅潭鄉的賽夏族等。至於大多數的平埔族群，並未取得法定的原住民身分。

自十七世紀下半葉開始，臺灣島受到大量外來族群政治、經濟、語言、文化等力量的侵入，平埔族原住民由於居住在濱海及平原地帶，往往首當其衝，直接面臨外族的殖民統治與社會衝擊。原住民族人原生的部落社會受到外來族群的強迫性同化（forced assimilation），並且在不斷與外來人群接觸的過程中，慢慢淡化自身的語言、文化與生活習慣，被清帝國依照「歸化的程度」分類為「漢化」程度較淺的「生番」，以及漢化程度較深的「熟番」；前者至日治時期被改稱為「高砂蕃」，後者則被稱為「平埔蕃」。歷史上，平埔族原住民遭到漢人社會的強迫同化，過程中產生的歷史及心理傷痕並不會

二○○二年，臺北凱達格蘭協會主辦的「刺桐花開平埔文化祭尋根活動」。（呂理昌提供）

因為「漢化」而得到治癒，其所受到的族群滅失及傷害，甚至相較於高山原住民有過之而無不及，[1]直到今日，族人們依舊持續面臨族群認同與文化、語言快速消失的迫切危機。

隨著一九八○年代臺灣社會本土意識的抬頭，再加上一九九○年代以來原住民運動如火如荼地展開，包括「還我土地運動」、「反國家公園運動」與「反核廢料運動」，紛紛啟發了平埔族群的正名、復權及文化復振運動。平埔族原住民過去一直被視爲僅存於歷史與學術研究之間的隱藏人群，但隨著臺灣社會開始強調多元族群文化特質的思維，族人們才逐漸在社會舞臺展露頭角。[2]諸多學者也透過研究，為平埔族群的存在發聲，認為其不僅是臺灣歷史發展上的重要角色，在當代的田野資料與身分認同調查當中，也多半反應出「平埔族已經漢化、消失」是一種迷思，因為這些族裔其實仍在臺灣社會不同角落生活著。[3]

一九九三年的「還我土地運動」遊行隊伍中，便有來自臺南、臺北和花蓮各地的平埔族裔組成抗議隊伍，與其他原住民團體一起上街頭，[4]開啟了往後數十年平埔族群的復權、正名運動。同年六月，原住民團體舉行的「爭取『正名權、土地權、自治權』入憲大遊行」，平埔族原住民也積極地參與其中。[5]根據文史工作者潘英海及其研究團隊的整理，平埔運動至少可以溯及：噶瑪蘭族裔舉辦花蓮噶瑪蘭返回宜蘭尋根的活動（一九九一年），並舉行噶瑪蘭族的豐年祭（一九九三年）；凱達格蘭族裔則在北海岸的貢寮舉辦「凱達格蘭古蹟巡禮」與「重返登陸地」活動（一九九四年），以及凱達格蘭族文化資產保存的研討會（一九九四年）；西拉雅族裔則擴大舉辦臺南的「頭社太祖夜祭」活動（一九九五年）；馬卡道族裔在屏東高樹鄉透過耆老的憶述，重建傳統的儀式（一九九五年），並展開一系列馬卡道文化復振的活動（一九九六年）。[6]

自一九九〇年代以來，政治的解嚴伴隨而來的是對臺灣在地歷史及文化的關注，讓過去鮮少為學術界所注意的平埔族原住民議題，成為最具本土代表性的研究課題之一。[7]這個時期，在臺灣史及人類學領域的「平埔研究」也漸次興盛。中央研究院在一九九二年十月間，籌組了「平埔研究工作會」，分別在一九九四年、一九九六年與一九九八年舉辦大型的學術研討會，並於會後出版《平埔研究論文集》（一九九五年）、《平埔族群的區域研究論文集》（一九九八年）與《平埔族群與臺灣歷史文化論文集》（二〇〇四年）等學術專書，也有不少的民間文史工作者，投入鄉土的歷史調查與書寫，奠定了後續「平埔研究」的基礎。

在平埔族群的正名、復權及文化復振運動的推波助瀾下，臺灣各地的平埔族裔也逐漸現身。然而，過往統治政權基於殖民利益的考量，在高山原住民族群與平埔族群之間施行分離政策，採取不同的治理方式，依照文明程度來區分兩者的差異，也使得平埔族群與高山原住民族群之間，存有不小的鴻溝。[8]二〇〇九年六月，多個平埔族群組成的抗爭團體，在原住民族委員會（以下簡稱原民會）門口舉行「炮轟行政院原民會」活動。隨後，原民會對該抗議事件的解讀為：「平埔族」是為了共享原住民政策的資源才自稱

「原住民」。[9]在當時的原民會主任委員章仁香的指示下，六月二十四日發出一份新聞稿指出：「理應尊重法定原住民族人的意願，不應『乞丐趕廟公』……平埔族群的問題，不是原住民族有義務解決的問題，也不是原民會應該解決的問題，而是應該由文化建設委員會（已經於二〇一二年改制為文化部）或內政部負責的業務。」[10]此一言論隨即引起諸多平埔族人的不滿，也加劇了當代平埔族原住民與法定原住民族之間的衝突和不信任。

長久以來，法定原住民菁英和漢人行政官僚、中華民國立法機關和原民會之間的「協作式殖民」（collaborative colonial），以國家資源有限與政治分配（原住民立委及議員席次）為理由，不斷擱置平埔族原住民取得法定原住民身分的問題。原民會也持續「依法」遵行戰後中華民國政府所維持的原住民族身分認定標準，將平埔族原住民排除在外。儘管行政院於二〇一七年八月，通過由原民會草擬之《原住民身分法》修正草案，在「高山/平地原住民」之外增訂「平埔原住民」的身分類別，但此案後續卻無疾而終，導致平埔族群的身分問題依舊遭到懸置。

然而，平埔族群的正名運動在二〇一〇年代之後仍有一些進展。包含二〇一三年七月，臺南市政府受理西拉雅族在個人戶籍資料註記「熟」字，成為「縣定原住民族」之

基隆河下游流經北投八仙埔一帶的景貌（攝於二〇二〇年）

一員；[11]二〇一三年十一月，花蓮縣富里鄉公所正式承認當地馬卡道族群為「鄉定原住民」；二〇一六年九月，屏東縣政府也受理平埔族人申請「熟」註記，成為「縣定原住民」。[12]接著在二〇一六年十二月，「原住民族歷史正義與轉型正義委員會」（以下簡稱原轉會）成立，隸屬總統府，持續積極推動平埔正名事務。[13]二〇一七年九月二十九日，原轉會舉行第三次會議時，所做報告中推估平埔族人全部登記的人數，約莫會是四十萬至六十萬左右，[14]也持續討論如何還予平埔族群未竟的歷史正義。

後續在二〇二二年十月，中華民國的憲法法庭針對西拉雅等平埔族群能否擁有原住民身分的「憲判字第十七號」表示：現行的《原住民身分法》違憲，同屬於南島語族的所有臺灣原住民族，具有「民族文化特徵」、「族群認同」及「客觀歷史紀錄」這三項判準，都可以依照族群的意願申請核定為「原住民族」，[15]日治時期戶口名簿本人或直系血親註記為「熟」或「平」，均得以向中央原住民族主管機關申請認定其族群別，並要求相關機關於三年內完成修法。[16]二〇二四年上任的原民會主委老族·井諾（Ljaucu Zingrur），首要推動的就是「平埔族正名」的修法。[17]

儘管平埔族群在原住民身分「正名」、「復權」的工作上，取得階段性的重大成

大屯山群峰與臺北盆地一景（攝於二〇二〇年）

果，但是多數平埔族群的文化復振之路仍未完成，各地的族語教育、祭儀重現、歷史調查及研究工作仍持續在進行當中。其中一群活躍於北臺灣的平埔族群——凱達格蘭族，也在一波波的正名、復權運動過程中，現身於臺灣社會的現場。他們是生活於北海岸、臺北盆地、淡水河與基隆河流域的平埔族原住民，也是在百餘年來，遭到國家力量、漢人移墾與都市化發展等一系列的外力影響下，受衝擊程度最為激烈的臺灣原住民族之一。

凱達格蘭：淡北地帶的原住民族

在當代的臺灣社會，凱達格蘭族和其他平埔族群一樣，除了要面對政治上勾結共謀

的「協作式殖民」，還有一項更巨大的社會困境，是面臨到都市發展中隱含的「定居型殖民主義」（settler colonialism）：臺北作為一座「定居殖民城市」（settler-colonial city），是殖民統治者在政治和經濟治理的樞紐地帶（首都）；提取土地資源、材料及市場運作的轉運站（交通設施齊全）；外來傳教士、定居者（settler）和帝國權力代理人的聚集點（行政運作的中心），以及作為帝國象徵力量的展示場域（國家博物館）。[18]從一八八四年（光緒十年）「臺北城」竣工的時間點算起，二〇二四年剛好是建城滿一百四十周年，如今的「城」，不再是過去僅有幾平方公里的磚造城池，而是已經擴張為一個大尺度範圍的「大臺北都

從基隆河畔望向大屯山群峰（攝於二〇一八年）

會區」，涵蓋了臺北市與新北市的行政區。

在土地及社會文化的層面，凱達格蘭族人所面對的是這一座「定居殖民城市」至今仍持續擴張與重塑的都會空間，即便這個空間也早已經過無數輪的土地重劃、街區設計與改造、都市更新的工程。今日的漢人主政者似乎一直在推動定居殖民主義的終極目的：讓這座城市中的平埔族原住民，徹底消失，並且取而代之，讓自己成為這座城市的「原住民」。但是，在實際的情況中，這種徹底的「取而代之」從未完全實現，儘管定居殖民者想要「消除」原住民的企圖持續出現，從過去在原漢邊界地帶形成的暴力侵佔，到後來原漢彼此

接觸後促成的社會性同化，再到當代施行戰略性的法律身分排斥和否認。漢人作為主要的定居殖民者，在歷史前進的過程裡，除了想方設法要求擁有土地，從持續性的城市發展當中積累財富並榨取利潤之外，還希望永久佔有這些土地。

縱使一九九六年三月二十一日，時任的臺北市長將「介壽路」改名為「凱達格蘭大道」，表示這座城市為昔日凱達格蘭族之生活領域。但是，臺北市與新北市等地方政府單位，還未向過去至今對於凱達格蘭族造成的傷害，進行一次正式的道歉，後續也未見政府推動持續性的社會反思工程（大多是暫時性與節慶式的活動）；居住在這座城市的漢人移墾者後代，也尚未出現跨族裔的誠懇對話與族群「和解」的契機。我們對於這座城市的歷史，仍存在著太多的遺忘、匱缺與不理解。這也使得一位市長對凱達格蘭大道進行的賦名，更像是一種對歷史的悼念和封存，隱隱表達出這座城市「曾經存在」一群原住民，所以將其當作「死者」來紀念；殊不知，今日的凱達格蘭族人後裔，仍生活在這座城市裡，卻在多數都市發展計畫的討論當中缺席，彷彿族人已經不存在於這座當代的城市之中。

回溯過往文獻，早在一六九七年（康熙三十六年）清帝國官員郁永河來臺之時，當

上：從小觀音山眺望大屯山與淡水河口一景（攝於二〇一九年）
下：今日淡水市街與淡水河口一景（攝於二〇二三年）

時生活於淡北地區、散居在基隆河流域附近的部落，已經有嗄嘮別社、內北投社、毛少翁社（也寫為蔴少翁社）；淡水河口附近的淡水社（也寫為滬尾社）、八里坌社、大屯社（也寫為大洞山社或大屯山社）、圭柔社（亦寫為雞柔社）、外北投社等部落。成書於一七三六年（乾隆元年）的《臺海使槎錄》中，也有八芝連社與唭哩岸社（亦寫為奇里岸社）。[19]一八九〇年代，日本人類學家伊能嘉矩進行北臺灣地區的原住民族調查時，首次提出「凱達格蘭」（Ketagalan）的族群分類概念，來指稱活動於今日臺灣北海岸、臺北盆地與桃園臺地的原住民族。[20]

凱達格蘭族又可以再分為三個支系：「馬賽」（Basay）分布於淡水河、基隆河以北至北海岸地區，除了內北投社、外北投社、嗄嘮別社、唭哩岸社、大屯社、圭柔社、八里坌社和毛少翁社之外，還包含臺北盆地境內的大浪泵社、圭武卒社、塔塔悠社與里族社，以及北海岸的金包里社、三貂社、大雞籠社與小雞籠社等社群；「雷朗」（Luilang）分布於臺北盆地，包括雷里社、擺接社、武勝灣社、秀朗社、龜崙蘭社、挖仔社等社群；「龜崙」（Kulon）分布於林口臺地與大漢溪中游一帶，包含龜崙社等社群。[21]

大屯山系是淡北地區最為明顯的山體，由大屯主峰、西峰與南峰、中正山、面天山、向天山、巴拉卡山、菜公坑山及烘爐山等多個山嶺所構成。史料文獻裡的「大屯山」又名「大遯山」或「奇獨龜崙山」。《諸羅縣志》也有載：「矗起屼立於淡水港之東北者，曰大遯山；《郡志》所謂奇獨龜崙山也……循港逆折而東，為干豆門（大遯山麓有小山與八里坌山，夾港東西相對，其形如門）。」[22]「干豆門」為今日的關渡一帶，昔日附近的原住民部落，多數位於大屯山的山麓地帶及其周遭淺山與平原地域。大屯山麓的「小山」應該是指山體延伸至今日關渡口的「嗄嘮別山」；「八里坌山」則是指關渡對岸的觀音山。兩山相對，形成基隆河及淡水河在出海之前必經的隘口，也是歷代的殖民者與外來人群勢力進入臺北盆地時的主要水路。

淡北地區於一七二三年（雍正元年），被劃入「淡水廳」的行政管轄範圍。長期棲居於此地的原住民，也逐漸面臨到漢人移墾的壓力。地理學者施添福曾研究北臺灣地區的原漢界線與族群人文地理帶的關係，並稱其為一種會隨著族群彼此勢力消長而不斷變動的「番界」——這條「力的番界」存在於平埔族原住民、漢人和高山族原住民勢力的接觸點上，各方人馬必須時時傾全力維護這一條漂浮在力之均衡點上的界線。[23]不過，從一七四六年（乾隆十一年）淡水廳官員曾曰瑛在當時的北投、唭哩岸、三角埔及磺溪附

「奉憲分府曾批斷東南勢田園歸番管業界」石碑（攝於二〇一六年）

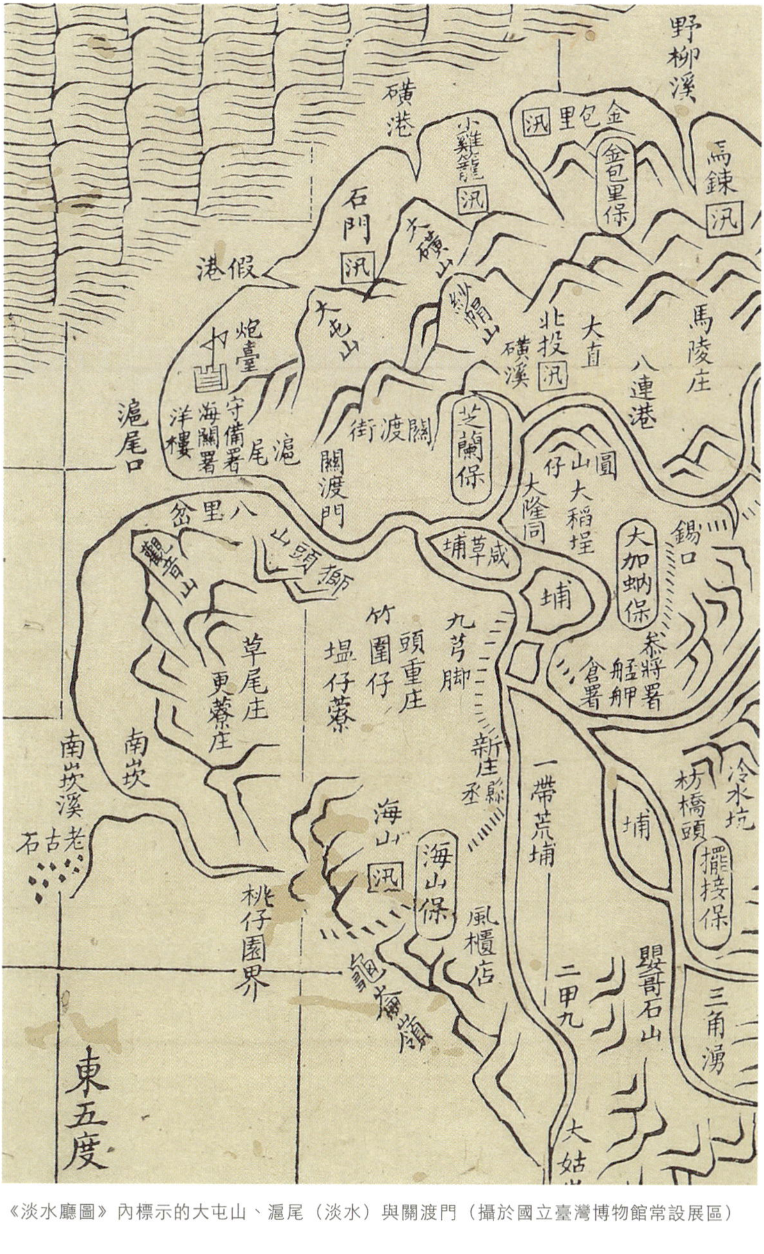

《淡水廳圖》內標示的大屯山、滬尾（淡水）與關渡門（攝於國立臺灣博物館常設展區）

近刻石、設立原漢界碑，杜絕原漢之間的土地紛爭，一直到日本殖民時期為止，圍繞在北臺灣大屯山系周遭的原漢界線，和臺灣西半部平原、丘陵及淺山地區的「土牛溝」或「番界」，有著不同的型態和分布方式。淡北地區的原漢人群互動關係，亦存在著不同的歷史經驗。

施添福的研究，主要是以清帝國在西半部竹塹地區（桃園、新竹一帶）設置漢人與原住民的地界為基礎，進一步將北臺灣的人群互動空間劃分為「漢墾區」、「保留區」和「隘墾區」三個人文地理區。[24]清代北臺灣漢人所進行的「設隘防番」武裝拓墾，主要施行於「內山」地帶（北臺淺山地區），即是為了防備高山原住民之威脅。十九世紀初，隨著西部平原漸次墾殖完成，漢人的拓墾活動也逐漸深入竹塹地區的「內山」，和山區原住民之間的衝突日趨嚴重。漢人會在「隘墾區」鄰近高山原住民部落領域的前緣，選擇險要之處設立隘寮，招募隘丁駐紮防禦，阻絕「生番」的獵首威脅。「隘墾區」的拓墾活動因為多了武裝隘防組織的運作，墾殖的成本和風險極高。[25]但是，北臺灣大屯山系周遭及淡北地區的土地墾殖過程，在歷史發展上並沒有經歷「隘墾區」的移墾經驗，以及漢人和高山原住民的對抗，而是經歷了漢人與平埔族原住民的互動和協商，還有漢庄與部落之間的界線異動和土地流變。

每個部落的社域空間及人群分布情況，隨著人群的遷徙與勢力消長，在不同時期都有所差異。原住民的「社」在史料中的指稱，大多也是統治者在行政治理與納餉制度上，所設置的空間範圍或賦稅單位，[26]並不能完全等同於地域人群的實際生活空間。有時候一個「社」的空間範圍內，可能同時並存多處族人的居住地。既然部落族人的生存空間是如此地變動不居，隨著時代和社會變遷而難以清楚捉摸，所以在執筆寫作的過程中，我總是不斷探問：「以淡北地區原住民部落為主體的書寫是甚麼？」或許真正對原住民的生活造成衝擊，乃是大批漢人移民來臺後，鹿場的大幅縮減、獵物與自然資源的商品化等，讓原住民的生存空間不斷地遭受擠壓，也被迫改變原先的生活方式。從游耕、定耕到水稻的種植，部落本身的經濟模式與生產方式產生鉅變，也使得原住民族人的傳統社域日趨被壓縮，原先在鄰近山區的採集狩獵活動逐漸減少，轉型為收取租金的地主，甚至被迫要將土地出售、杜賣給漢人，以維持部落的生計。

換句話說，原住民在遭遇外部環境變動的境遇下，族人也一再地調整生計模式。然而，目前以大屯山系周遭平埔族原住民部落為主體的歷史書寫之困難在於，當我們考察

淡水泉州厝一帶、位於大屯社舊地的「何男潘女」地基主祠（攝於二〇一七年）

既有的歷史文獻，淡北地區原住民族人在文獻中的身影，早期多以某種野蠻、未開化的他者形象存在，而在與漢人有所互動之後，又轉換為逐漸融入漢人社會的開墾者形象。在官修地方志裡的大紀事文字，仍多以漢人開墾的進程作為時間的斷點，呈現的是漢人社會的形成史。以原住民族為主體，或是以原漢族群互為主體思考下的實踐性書寫，仍然極為匱乏。

清帝國統治時期，相較於漢人在臺灣西半部淺山地帶的墾殖經驗，大多將人跡罕至、急需被拓墾的「生番」棲居之地，稱作「內山」，呈現出由西向東移墾的「內山開發史」。大屯山系作為一處相對獨立

今日流經天母、石牌一帶的磺溪（攝於二〇一七年）

的山體，漢人的墾殖事業不管從北側、西邊與南方幾乎都可以進行。由於當地的火山地質作用，從地底噴出的火山氣體通過噴氣孔而形成硫磺礦床，分布於北投的硫磺谷和龍鳳谷；金山的大油坑、焿子坪、死磺子坪和八煙等地，都有生成豐富的硫磺。因此，歷來的漢人更偏好將大屯山系稱為「磺山」，發源於山中的溪流稱為「磺溪」，周遭從事交易硫磺的河港則是「磺港」。無論是清帝國還是漢人，都將硫磺視為一種自然資源，合法的開採與交易、非法的盜採和走私活動，始終不絕史冊。

這一段以大屯山系為核心的漢人「磺山開發史」，實際上是一段漢人盜採硫磺、清帝國封禁開採、凱達格蘭族人被迫從事勞役、遭到漢人盜採者毆打、被侵奪大片的山林土地，以及到最後徹底喪失領域自主權的歷史。其慘痛和血淚的程度，並不亞於臺灣西半部的「內山開發史」。我仍不禁會去想像，若從原住民族的角度，這一段歷史可以如何被書寫？從早期清帝國官員眼中的「野番」出沒之地，到漸漸成為歸化「熟番」的人群控制與土地拓墾敘事，又如何從原住民族的切身經驗來看待？漢人眼中蘊藏無數硫磺的「磺山」，在原住民族人的心中，是否存在另一種面對這座山的倫理和宇宙觀？

本書選擇從原漢互動關係的角度切入，描寫淡北地區的漢庄與部落之間的界線異動和土地流動狀態，試圖擴展「力的番界」這個概念於大屯山系周遭原漢關係的書寫，提供讀者認識淡北地區的原漢人群關係、歷史競逐、宇宙論和神靈信仰流變的不同視角；進一步說，當漢人勢力大舉越過既有的界線（或是挑戰部落與漢庄之間的邊界），開始在部落的土地上全境擴散時，原住民族人面臨部落社會瓦解、族群勢力的衰微和漢化——原住民族的「弱勢說」，是目前主流的歷史論述所呈現的面貌。然而，若從宗教信仰的重構和凝聚力，以及「靈」的存續和流變之角度來看，或許是另一條重新審視原漢人群關係，進而在當代文化實踐及族群復振運動上，重拾凱達格蘭族人能動力（agency）的可能路徑。

抑或從原漢人群互動當中蘊含的雙重視角觀之，便可以看到臺北大屯山系周遭的漢庄與部落之間的權力競逐和協商關係，而不僅是從「漢人開發史」的角度單方面地呈現淡北地帶的面貌。本書便是在此思考的基礎上，企圖透過史料文獻與田野調查，梳理歷史上的淡水、關渡、北投至士林一帶原住民族人部落的信仰變遷及轉化型態，從荷蘭、西班牙傳教士、原住民與天主教信仰；十七世紀末政權轉換之交的原住民信仰；十八世紀時漢人「通事」、原住民與關渡宮的建立等歷史環節，描寫此區域的原住民族對外來信仰的抵制、接納及型態的轉變。接著，以現今淡北地區的幾座土地神祠為分析核心，進一步刻劃出原有的「公廨」（平埔原住民族群的祭祀場所）轉化為以漢人為主體的土地公祭祀或地基主信仰之過程。

此外，也將追溯十九世紀，因為外來的道教及基督宗教的因素，而形成的「保德宮」與「自立長老教會」之歷史淵源。接著會將焦點聚集在保德宮的潘姓家族身上，梳理從「家祠」到「庄廟」的建廟過程，潘姓家族如何透過「番仔王爺」顯靈的神蹟來形塑記憶和認同。進一步以「番仔獅」為書寫對象，思索潘姓家族作為宮廟的財務經營者、負責宮廟事務、宗教活動的招集者，如何重新集結群體的力量，匯聚了更多「庄外」的漢人信徒參與，產生既是跨族群、也是跨村莊的廟陣組織形式。這背後所蘊含的認同力量，雖然不同於以「族群」為單位的傳統文化復振，但他們在與漢人信仰的互動之中，仍發展出地域陣頭文化的差異性，既保持了凝聚家族的功能，也保有族群自身的認同意識，同時亦擴展了更多與漢人信徒的關係維度。

自二十世紀末逐漸興起的凱達格蘭族群復振運動，族人們逐漸將「凱達格蘭」這一名稱作為自我族群的認同歸屬，並且頻繁地使用這一族稱。隨著族群復振運動透過各種文史活動的推廣，以及書籍、報紙與大眾媒體的報導，人們也開始認識到這一名為「凱達格蘭」的族群。[27]但是，在復振運動開始之前，大多數的族人並未使用「凱達格蘭」作為自我的稱謂。在傳統的地方社會當中，族人大多是使用「巴賽」或「平埔」自稱，漢人耆老則稱他們為「番仔」或「平埔番」，所以「凱達格蘭」族群身分的形成，並非自然而然的結果，族群的辨識度也不是由族人自行建立，而是通過有意義的文化復返行動、系統性的歷史建構，以及凱達格蘭族人與外來人群之間的互動，凱達格蘭族的族群邊界與認同意識，才得以在當代臺灣社會被重新確立。[28]

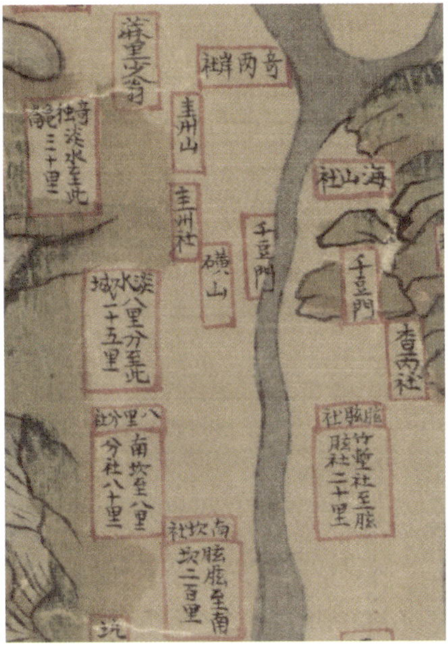

《臺灣軍備圖》裡的「礦山」，繪於一六九七年至一七二二年間。（出處：美國國會圖書館）

北投番仔厝保德宮一景（攝於二〇二〇年）

北投社的頂社、貴子坑一帶（攝於二〇一六年）

因此，這本書最後將重心放在戰後至今的凱達格蘭族復振運動，描寫至二十一世紀的今日，當代淡北地區的族人在面對百年來的漢人墾殖過程，以及外來宗教的衝擊之後，如何在晚近興起的文化復振工作中，建構其「祖靈地」的傳說，試圖回返至傳統的「聖山」，並對祖靈信仰與祭儀進行重新形構的過程。

本書大幅改寫自我從二〇一八年至二〇二三年期間的文史調查與寫作，並經由篇章修改與章節重整，成為一部具有連貫性的作品。相關文章包括了〈從「力的番界」到「靈力越界」：北投、士林地區原漢界線的消弭與存續〉，刊登於《臺灣原

二〇一〇年，北投番仔厝保德宮遭拆廟後，留下的廟壁殘跡與匾額。（攝於二〇一六年）

凱達格蘭族的聖山七星山（攝於二〇二〇年）

住民研究論叢》第二十九期（二〇二一年十二月），頁一〇一～一三八；接著是〈番仔王爺信仰中的原漢互動關係：以保德宮的凱達格蘭潘姓家族為例〉，首次口頭發表於二〇一八年「臺灣人類學與民族學學會年會：超越與復返」，並刊登於《原住民族文獻》第八輯（臺北：行政院原住民族委員會，二〇一九年），頁一五七～一八〇；另一篇文章〈淡北地區原住民族的信仰變遷與當代重構〉，首次口頭發表於二〇二三年「臺北市立大學史地學術研討會：新視野的史地整合研究」，後續刊登於《臺灣原住民研究論叢》第三十四期（二〇二三年六月），頁一〇七～一三四。[29]

雖然本書部分的思考和觀點，曾經以論文形式發表於學術研討會及學術期刊，但仍會受制於我個人有限的閱歷和經驗，所以在書中的呈現，皆經過白話文語句的改寫、增補、編輯和內容的再整理。我將本書重新定位在「尋靈的書寫」而非「學術寫作」，這意味著本書將很大程度地從原先相對「客觀」的撰述調性，轉向我個人的情感、肉身經驗和臨場性的視角，並著重在當代族群關係的實踐、宇宙觀和行動面向，尤其在淡北地區的原漢人群互動關係、民間記憶與信仰型態——希冀這本書能為讀者提供不同層次的認識，以及思考歷史轉型正義與復振運動的另一種角度，其餘留待後續述說。

註1：連容仕，《平埔族裔身分認定——以我國法制為中心》（臺北：國立政治大學法律學系碩士班碩士學位論文，二〇二一年），頁六十四。

註2：詹素娟，〈詮釋與建構之間：當代「平埔」現象的解讀〉，《思與言》第三十四卷第三期（一九九六年九月），頁四十五～七十八。

註3：謝若蘭，〈平埔族群正名運動與官方認定之挑戰〉，《臺灣原住民族研究季刊》第四卷第二期（二〇一一年六月），頁一～二三。

註4：夷將．拔路兒，《臺灣原住民族運動史料彙編》（臺北：行政院原住民族委員會，二〇〇八年），頁八七八。

註5：潘朝成、段洪坤，〈變與不變：平埔族群復名復權運動〉，《臺灣原住民族研究學報》第八卷第四期（二〇一八年十二月），頁六十七～九十三。

註6：參見中央研究院民族學研究所，《平埔文化資訊網》，網址：https://www.ianthro.tw/proj/pepo。

註7：謝國斌，〈評臺灣平埔族之族群認同運動〉，《臺灣國際研究季刊》第二卷第二期（二〇〇六年六月），頁一七九～一八八。

註8：謝若蘭，〈談臺灣國族認同與建構：西拉雅族裔之觀點〉，《臺灣史學雜誌》第三期（二〇〇七年十二月），頁六十一～九十二。

註9：謝文華，〈平埔族爭正名 換來原民會羞辱〉，《自由時報》（二〇〇九年六月二十五日），網址：https://news.ltn.com.tw/news/life/paper/313887。

註10：原住民族委員會，〈任何人都不能強迫原住民族認同誰？或接納誰？〉新聞稿（二〇〇九年六月二十四日），未刊行。

註11：臺南市政府民政局，〈臺南市受理西拉雅族個人戶籍資料註記「熟」記事〉（二〇一三年十月三十日），網址：https://bca.tainan.gov.tw/News_Content.aspx?n=1056&s=30718。

註12：陳俊廷，〈屏東縣平埔族「熟」註記開辦，潘孟安：我是馬卡道族的後裔〉，《民報》（二〇一六年九月九日），網址：https://www.peoplemedia.tw/news/2c5bee17-7135-446b-bc4e-bd260d6487bc。

註13：中華民國總統府，〈總統府公布「原住民族歷史正義與轉型正義委員會」各族代表推舉結果〉，《中華民國總統府》（二〇一六年十二月一日），網址：https://www.president.gov.tw/NEWS/20931。

註14：參見林修澈，《平埔族的分布與人口》（臺北：行政院原住民委員會，二〇〇三年），頁三。

註15：臺北高等行政法院第三庭，〈一一一年憲判字第十七號：西拉雅族原住民身分案〉，《憲法法庭全球資訊網》（二〇二二年十月二十八日），網址：https://cons.judic

ial.gov.tw/docdata.aspx?fid=38&id=310021。

註16：嚴文廷、張子午，〈大法官宣告《原住民身分法》違憲後，西拉雅族人「甘願做蕃」的未竟之路〉，《報導者》（二〇二二年十月二十八日），網址：https://www.twreporter.org/a/taiwan-aborigines-siraya-constitutional-interpretation。

註17：林良齊，〈原民會主委曾智勇上任　首要任務：平埔族正名〉，《工商時報》（二〇二四年五月二十日），網址：https://www.ctee.com.tw/news/20240520701455-431401。

註18：關於「定居型殖民城市」的研究，可參見David Hugill, *What is a settler-colonial city? Geography Compass* (2017), vol. 11, no. 5, pp.1-11.

註19：溫振華、戴寶村，《淡水河流域變遷史》（臺北：臺北縣立文化中心，一九九九年），頁三十五。

註20：參見伊能嘉矩著，楊南郡譯，《平埔族調查旅行：伊能嘉矩〈臺灣通信〉選集》（臺北：遠流，一九九六年）。

註21：參見詹素娟、劉益昌，《大臺北都會區原住民歷史專輯——凱達格蘭調查報告》（臺北：臺北市文獻委員會，一九九九年）。

註22：周鍾瑄，《諸羅縣志》（臺北：臺灣銀行經濟研究室，一九六二年），頁七。

註23：施添福，〈區域地理的歷史研究途徑：以清代岸裡地域為例〉，收於黃應貴主編，《空間、力與社會》（臺北：中央研究院民族學研究所，一九九五年），頁六十六～六十七。

註24：施添福，〈清代臺灣竹塹地區的土牛溝和區域發展：一個歷史地理學的研究〉，《臺灣風物》第四十期四卷（一九九〇年十二月），頁一～六十八。

註25：李文良，〈隘墾制〉，《臺灣大百科全書》，網址：http://nrch.culture.tw/twpedia.aspx?id=5049。

註26：詹素娟，《典藏臺灣史（二）：臺灣原住民史》（臺北：玉山社，二〇一九年），頁五十二～六十。

註27：詹素娟、張素玢，《臺灣原住民史：平埔族篇（北）》（南投：臺灣省文獻委員會，二〇〇一年），頁一五四。

註28：莊欽閔，《傳統與平埔文化復振運動：以噶瑪蘭族與凱達格蘭族為例》（新竹：國立交通大學語言與文化研究所碩士論文，二〇〇五年），頁五十一。

註29：本書亦有部分內容曾以「從地圖看：北投社保德宮的信仰與遷徙」為題，刊登於《巫地北投：一個生態文史走讀》（臺北：財團法人邱再興文教基金會，二〇二〇年），頁四十六～五十一；〈北投社史：一個原、漢關係的考察與反思〉一文，則刊登於《原住民族文獻》第四十六期（二〇二一年六月），頁八～二十二。

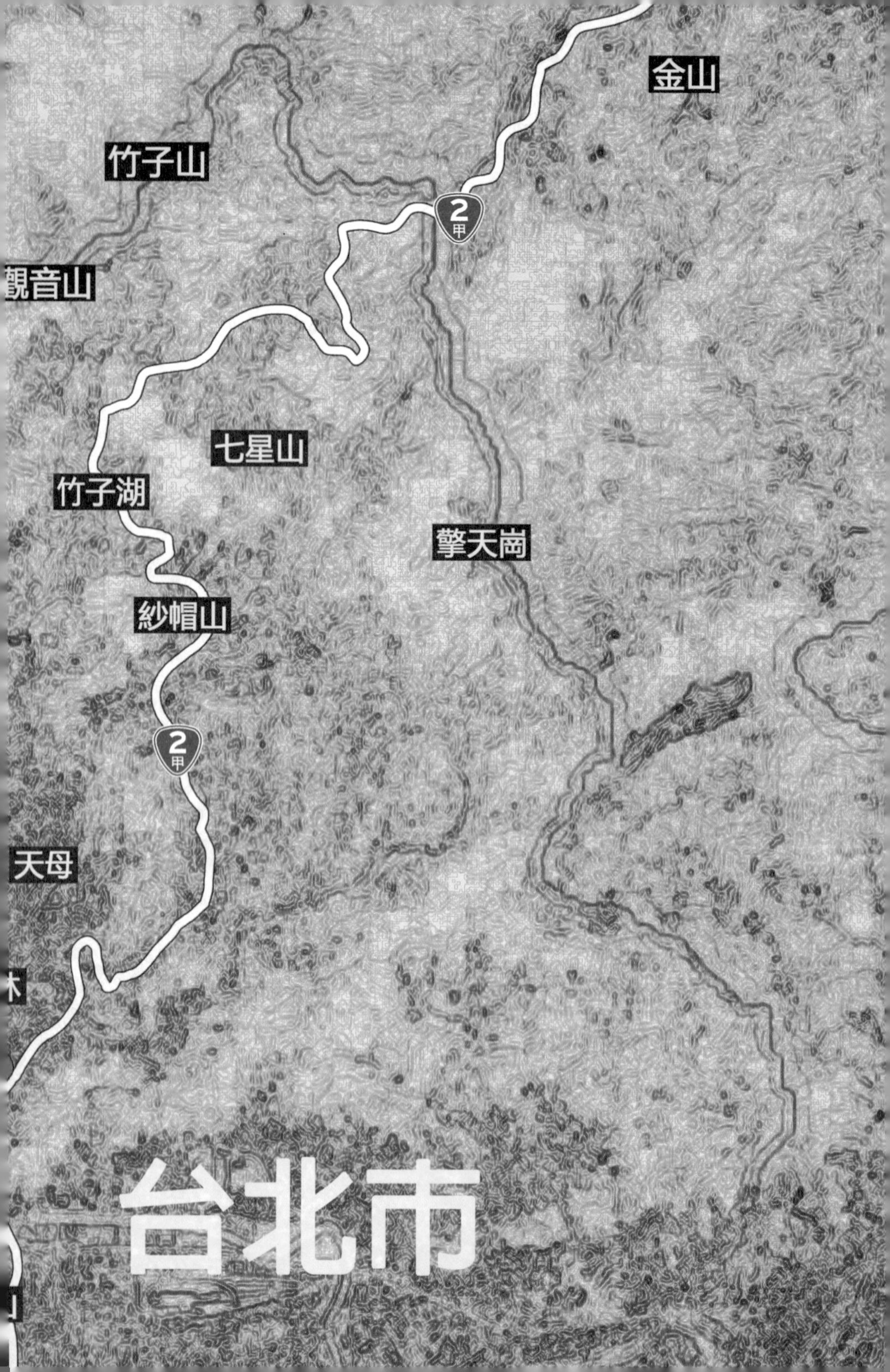
金山
竹子山
2甲
觀音山
七星山
竹子湖
擎天崗
紗帽山
2甲
天母
台北市

本書各章節提及之地名位置圖

壹 番仔王爺

流亡的神靈

今日的關渡平原東北側，北投捷運站西側、淡水捷運線的軌道旁邊有一處老聚落，清帝國時期稱為「灣灣厝」或「灣灣番厝」，[1]地方上的漢人耆老將此地稱為「番仔厝」，是昔日北投社的下社部落範圍之一。現在回想起來，我第一次意識到以「番仔」為名的地名，應該就是北投的「番仔厝」，而且還不是出現在紙本的古地圖或檔案文件中，反倒是在谷歌（Google）的數位地圖上看到的。甚至我還一度暗自抱怨：「現在都甚麼時代了，怎麼地圖上還會出現這種汙名化的地名？完全沒有一絲對臺灣社會族群文化的敏感度。」直到真正走入「番仔厝」這一處聚落，我才發現不論是漢人耆老或是潘姓的平埔族原住民，都已經將「番仔厝」作為地方慣用語，指稱他們自小到大生活的地方。在使用上，在地漢人耆老也會說「我是番仔厝的人」，不見得帶有歧視的意思。

日治至戰後初期，此地的人口曾經有六百至七百人之多（約六十戶左右），大多是姓「潘」的原住民族人。[2]聚落內有一座供奉池府王爺的「保德宮」，是地方居民的主要信仰中心。若從漢人的角度，池府王爺（又稱為「池府千歲」）這位神祇，可以追溯自七世紀的唐帝國時期，也是臺灣漢人民間社會祭祀的「五府千歲」（李、池、吳、朱、范府千歲）之一。但是，在「番仔厝」，因為池府王爺早期是由原住民在祭祀，反而被當地漢人稱為「番仔王爺」。這位神靈在「番仔厝」聚落內被眾人祭祀，即便被地方漢人居民冠上帶有汙名意味的稱呼，都已經暗示「祂」和原住民族人之間的淵源。

二〇一〇年，一樁拆廟事件

傳說今日「保德宮」所供奉的池府王爺神尊，原先被供奉於北投社頂社（位於北投三層崎一帶高地上的部落）的潘姓原住民族人家中，後來王爺神像跟著部落族人輾轉搬遷到北投的「番仔厝」。隨著原住民與漢人逐漸雜居，便開始有漢人信徒祭祀，稱祂為「番仔王爺」，並將王爺能夠醫治百病的神蹟傳遍全庄，使保德宮逐漸具有「庄廟」的性質，廟裡也開始有乩童替村民辦事。

自王爺神尊開始被平埔族原住民供奉以來，「祂」也隨著族人的遷徙，歷經了數次的搬遷，至今沒有尋覓到一處可以長久棲身之處。二〇〇四年時，保德宮因為被地主指控廟地並非廟方所有，而面臨「侵佔土地」的嚴重法律訴訟。地主認為保德宮長期佔用土地，並訴請法院要求「拆廟還地」，後續由高等法院判決定讞，必須要拆除廟宇建物。之後，保德宮廟方與地主展開多次的協調，商議向地主購買土地或是協助廟方遷址的可能性，但雙方討論多次未果。隨後廟方也進行了各式的抗爭形式與媒體策略、連結地方資源與人脈，試圖爭取宮廟自身的權益。此外，也在二〇〇七年申請文化資產鑑定，歷經約莫一年的審議，臺北市政府文化局於二〇〇八年七月八日將「保德宮」、「番仔厝」與「番仔溝」登錄為凱達格蘭北投社的文化景觀。

但是，地主隨後提出撤銷保德宮登錄為文化景觀的要求，以利他們執行「拆廟還地」的法律程序，並且主張擁有「保德宮廟地的土地所有權，卻遭廟方長期侵佔，在土地上建築寺廟，雖然高等法院已判決應拆廟還地，並取得士林地方法院行政執行處的執行命令，但保德宮管理委員會提出申請，經北市府文化局文資會議審議後，被登錄為文化景觀，這導致拆屋還地的事情無法立即執行」，所以在法院庭訊時，地主方認為保德宮僅是三十多年的廟宇建物，既非王爺廟的原址，也並非是百年古蹟。[3]

因此，地主再度提起上訴，至二〇一〇年法院在二審時判決地主勝訴。後續廟方雖然提起再訴，但經由士林地方法院三審判定，廟方仍需拆廟還地。之後，法院與臺北市政府文化局經過多次的察勘，確認保德宮的文化景觀資格，僅限於池府王爺的神像、四座土地公石材神像等物件列入保存，認為廟宇建築本體不在保留範圍內，決定於二〇一

二〇〇九年，尚未遭拆除時的保德宮內一景。（呂理昌提供）

〇年十月十三日上午九點半，強制執行拆除作業。

拆廟前夕，廟方與地方法院、地檢署、地主曾多次來回斡旋。拆除當天，現場不分原住民或漢人信徒，十幾位男女信眾仍期待事件有轉圜的餘地，當地里長鄭國華（同時兼任保德宮主委）也到場支援，希望地主能夠給廟方多一點時間安排神像的安置事務，再進行拆遷。但是，執行任務的檢察官向廟方重申執行判決的立場，並希望在場信眾體諒。檢察官隨即焚香向眾神表示：「王爺在上，今日弟子依法執行公務，希望王爺諒解移駕，並保佑執行安全順利。」豈料在檢察官焚香後，鄭國華

保德宮被拆除之後，神像的暫時安放之所。（攝於二〇一六年）

里長和數名潘姓族人、數十名漢人信眾即刻圍住供桌，高喊：「護廟，護王爺！」不讓地主請王爺神尊離場，信眾也和現場的員警爆發肢體衝突。

信眾除了以肉身抗議阻擋之外，廟方也以應該要尊重信仰為由，要求行使國家公權力的檢察官必須焚香告知神靈、準備應有的供品，並且親自詢問神靈的意見、稟告拆除事宜，需要得到神靈的同意之後才能拆廟。此時，地主方則進一步允諾協助保留宮廟的龍柱、石獅等物件，盡量以保留原狀、手工方式拆除，終於獲得廟方的首肯，但在拆除作業進行的當下，仍有多位地方信徒試圖阻擋，其中一位肉身阻

潘姓家族與漢人信徒共同主持「保德宮」番仔王爺神尊的安座儀式，王爺後方的猛龍圖，為筆者協助繪製。（攝於二〇一七年）

擋拆廟的人，便是來自「番仔厝」潘姓家族的潘國良耆老。

當時，潘國良耆老以肉身擋在神像面前護衛，但被前來管理現場秩序的派出所員警緊緊壓住左右手，要將他抬出廟門外，雙方久久僵持不下。還有另一名漢人信徒激動地對士林地方法院的公務人員說：「我們土地公原本是黑色的，現在變成紅色的，你現在動神尊，你的身體會不健康。」法院的公務人員聽聞後，便立即持香稟告王爺：「王爺在上，弟子王本源是士林地方法院民事執行處庭長，今天依法執行公務，請王爺諒解。」[4]至於文化局的人員則在一旁確保廟宇拆除過程中，被列為文化景觀之石刻土地公、池府王爺等神像是否獲得妥善搬遷及保存。

當天上午十一點左右，由保德宮的廟祝擲筊請示王爺是否願意移駕，第一次詢問時並沒有同意，第二次詢問才獲得王爺的聖筊。這時，廟內的神像才陸續由信眾們請出戶外，緊接著地主雇用的拆除工人與挖土機進場，廟齡約十五年的保德宮建築，在重型機具的拆除下化為瓦礫，廟方多年籌措的百萬建廟資金也付諸流水。保德宮被拆除之後，信眾將神像移到一旁「番仔溝」（水磨坑溪）上的老舊鐵皮屋前方空地。後續，由於此地為水利局所屬的公有地，因而多次收到違法佔用水利地的通知書。在隨時可能被迫搬遷的情況下，潘姓族人與漢人信徒共商，決議向地方議員尋求協商管道，以「庄廟」為地方上的主要信仰為由，主張保德宮是代表整個「庄」的集體意識，與多個政府單位爭取這一塊臨時安置地的暫時使用權。

二〇一六年十二月五日早上，保德宮的潘姓族人、漢人信眾與里長一起，在一位臺北市議員的服務處，透過議員與臺北市農田水利會的人員進行協調。因為保德宮現址建築屬於違建，依法必須拆除，但經由議員的協調後，農田水利會的人員暫時同意，在不違反水利法的條件之下，現有水圳上的臨時鐵皮屋可以暫時保留。農田水利會與保德宮在協商之後，廟方也隨即進行鐵皮屋的整修工程，在二〇一六年十二月十六日，暫時將神像搬遷至旁邊的工寮，重新裝潢原本老舊不堪的鐵皮屋建物，並於二〇一七年一月二日，舉行神像安座大典。當年八月二日，保德宮舉辦中元普渡活動，不少立法委員與地方議員到場致詞，向在場數百位的番仔厝在地居民與廟眾保證，在他們任內保德宮絕不會再有被迫搬遷的可能，並請臺下的居民、信徒放心，表示會持續「守護」庄頭與保德宮的權益。

然而，到了二〇一九年初，保德宮收到相關政府單位要求出示宮廟事務正常運作的照片，作為依照約定、合理使用的證明文件，確保使用方式並無超限利用或違規加蓋，保德宮也依規定隨即繳交相關資料備查。當年五月，又因再次收到違建拆遷限期改善之公文書（因為二〇一六年的協調會議，僅是口頭答應），主委鄭國華與宮主潘國良再次向臺北市議會陳情；七月三十一日，偕同林世宗議員、北投區區長、水利局幹員進行協商，水利局將宮廟事務交予北投區公所，將保德宮劃為區域政府的列管宮廟，並以正式公文訂定此事之管理權責。這一次，保德宮再次避免了被拆遷之危機，不過每年必須繳納土地使用租金。

與地主經過多次的協調、討論和來回磋商，保德宮從廟宇拆遷、神像置於鐵皮屋、重新裝潢鐵皮屋，到付給公部門租金，終於可以暫時安身在番仔溝上的水利用地。在這段過程中，尤其是主理廟務的潘姓族人，承受了莫大的精神壓力，宛如過去先人遭遇的迫遷血淚史，在當代族人身上不斷地重新上演。保德宮的拆遷事件背後，是否有其歷史的脈絡及社會因素？上述協商拉鋸背後的地方情感基礎，究竟又是如何形成的？在凝聚地方庄民信仰的過程中，超自然（supernatural）的神蹟與靈力，又在其中扮演甚麼樣的作用？這一系列從保德宮的拆遷所衍生出的問題，也成為我開始尋覓隱微歷史線索的一切起點。

原住民與漢人神靈的遭逢

「番仔王爺」至少可以溯及十九世紀初，北投社、嗄嘮別社族人與漢人道教信仰的接觸。據傳，一開始是原居住於北投貴子坑溪上游頂社的潘姓原住民族人，在貴子坑溪邊撿到一尊池府王爺神像，當時還不知道這是神像，將其帶回部落之後，因為族人突然

北投社的頂社、貴子坑一帶（攝於二〇二〇年）

「起乩」（發神蹟），才意識到「祂」是一尊具有靈力的神祇。[5]第二種說法，是平埔族原住民歸順清帝國時，官府贈予池府王爺的神像一尊，作為地方的守護神，從此王爺神像便在潘姓族人家中供奉。還有一種傳說，是以前有一位潘姓族人上山撿拾木柴，看到路旁有一尊神像，就將神像安置在一塊石頭上；後來，當地居民在夜間常常看到山上有東西閃閃發光，便相約上山去察看，發現原來發出閃光的物體就是池府王爺神像，於是潘家祖先就將王爺神像迎回部落，[6]之後便輪流供奉於頂社的潘姓族人家中。因此，有研究者推測至少在一八一〇年代時，部分的潘姓族人已經接受漢人一部分的神靈信仰。[7]

翻閱史料，可以找到伊能嘉矩寫過的一段話：「番人熟化之結果，受漢人思想同化之影響，其變化及至宗教信念，改去固有之祖先崇拜，轉換為中國之神祇。」[8]清朝官員吳光亮於一八七九年（光緒五年）撰寫的〈化番俚言〉也有云：清帝國除了規定歸化為帝國子民的原住民族人，必須要「分別姓氏，以成宗族」與「社名改名為庄」之外，也要求族人「建立廟祠，以安神祖……凡一村一庄、或幾村幾庄共建廟宇一座，安設關聖帝君、或天后聖母、或文昌帝君及各位正神身像，合眾虔誠供奉」，[9]清楚指出了原住民被強迫接受漢人信仰的過程。但是，也有文史工作者認為，「番仔王爺」其實是原住民族人以自身的傳統信仰觀念來理解，進而將漢人神靈內化為祖靈的信仰形式之一。[10]也許，原住民族在經歷「改社為庄」、「建立廟祠，以安神祖」的過程中，可能也以傳統祖靈或泛靈信仰的觀念進行轉化，與漢人的池府王爺信仰相互結合吧。

到了十九世紀下半葉，基督教信仰經由傳教士馬偕（George Leslie Mackay）又傳入北臺灣地區。一八七六年（光緒二年）馬偕在嗄嘮別一帶建立磚造的「北投禮拜堂」，後續再遷到「番仔厝」。約莫晚清時期至日治初期，北投社頭目兼池府王爺祭祀頭人的林烏凸（Limopon），由王爺信仰轉而信奉基督宗教，因擔心信仰差異在部落會產生衝突，禮拜堂也從「番仔厝」搬移至舊北投地區，設立北投教會進行布道。伊能嘉矩便曾將頭目林烏凸擔任他田野報導人的熱情，歸功於林氏信奉基督教，受感化所致。[11]

接著於一九一二年（明治四十五年），族人潘水生捐獻興建「北投臺灣基督長老教會」。[12]潘水生之子潘水土於一九二三年（大正十二年）自「臺北神學院」畢業，曾在艋舺（臺北市萬華）、金包里（新北市金山）等地的教會牧道，一九四六年被派令至北投地區之教會，因平埔族原住民出身之故，受到漢人教徒歧視，被拒任之後退休。潘水土

「保德宮」番仔王爺的神尊（攝於二〇一七年）

先設立家庭聚會所，一九六〇年再與眾信徒集資於北投中和街附近興建「自立長老會新北投教會」。[13]

從《北投教會洗禮簿》可查得林烏凸與其家人的受洗資料，而當時信教者多為平埔族原住民，[14]最早受洗者的年代是一八八七年，最晚者於一九三三年，即從清末至日治時期的大部分時間均包含在內。[15]從一八八七年至一九三三年期間的教會洗禮簿紀錄，共有八十多名族人受洗。一九四七年，族人創立「自立北投基督長老教會」，原先只是家庭聚會之用，後來才正式成立教會。

保德宮內供奉的池府王爺神尊（攝於二〇二〇年）

由目前文獻可知，至少在十九世紀末時，北投一帶原住民受到漢人宗教與基督教等外來信仰文化的影響，使部落族人內部逐漸產生兩派不同信仰的群體。根據北投社後裔耆老的口述與記憶，其中一批族人信奉基督教的原因，目前有兩種傳述方式。第一種說法是：

> 潘朱山的兒子潘水生那代，遇到了來三層崎傳教的加拿大人馬偕牧師。馬偕牧師成功說服潘水生改信基督教。[16]

第二種說法是，有一批原本信奉池府王爺的族人，因為遭受到一起意外災變，後來才轉而信奉基督教：

位於頂社貴子坑一帶的潘水土牧師之墓（呂理昌提供）

> 有一次聽聞下社發生火災，我們頂社就把王爺神像丟掉，不要拜了。也因為下社發生火燒屋事件時，剛好馬偕到此地傳教，於是下社的一部分人轉為信奉基督教。由於頂社與下社是同一位頭目（應該是指林烏凸），因此頂社的部分族人，也跟著頭目由王爺信仰轉往為基督教信仰。[17]

顯見當時馬偕對於北投一帶原住民族人的傳教工作，是族人轉而信奉基督教的關鍵。另外，目前信奉「保德宮」池府王爺信仰的潘姓族人，也有傳述當初會選擇信奉池府王爺的說法：

今日的自立長老會新北投教會一景（攝於二〇二一年）

原本頂社那邊的族人都信奉池府王爺，但有一次族人在燒香祭祀之後，沒注意到香已經燒起來了，導致部落發生火災，族人就覺得信王爺不靈驗；另一批族人則說，聽信上帝就不會發生這種事，於是就轉而信奉上帝。因此，我們原本都是信奉王爺，但後來他們（自立長老會新北投教會的族人）不祭拜祂了，才去改信基督教。[18]

我聽長輩說，我們祖先從頂社搬到下社的番仔厝之後，本來都是和下社的人一起信奉基督教。番仔厝這裡，原本有一間教會。後來是因為王爺很靈驗，我們才改信王爺。[19]

在潘姓耆老的家傳口述裡，從頂社遷移至下社的族人們，可能前後歷經了王爺信仰，再到基督教信仰，再回返至王爺信仰的轉折過程。根據潘杉耆老所言，以前王爺神像大部分時間都放在他們家裡，後來因為信徒逐漸增多，到潘家祭祀的漢人也越來越多，才成為地方性的神靈信仰。為了方便大家祭祀，剛好在番仔厝聚落內有一間小屋，是以前平埔族原住民的基督徒聚會所（當時可能已經閒置），潘姓家族便集資在此建廟。[20]

現今北投長老教會與保德宮雙方的原住民信徒，雖然在信奉宗教的傳述觀點上有一定的歧異性，但不論是「保德宮」或「自立長老會新北投教會」，從日治時期至今皆透過各自信奉的宗教與信仰實踐，維持著族人之間的凝聚力量。儘管多數潘姓族人已經不住在番仔厝，但是保德宮至今仍然有效地維繫著昔日從頂社遷至下社的部分潘姓族人之間的關係，宗教信仰在此仍具有凝聚族人或家族意識的重要作用。當代的北投基督教長老教會也一樣產生凝聚族人之效用。近年來，北投社後裔積極參與凱達格蘭族群復振運動的成員，大多出自於此教會。

上：今日的保德宮一景（攝於二〇二三年）
下：筆者參與保德宮進香活動之團體合影（攝於二〇二一年）

超自然的神靈傳聞

自從潘國良耆老的家族先人「起乩」之後，池府王爺便開始由潘姓族人供奉，歷經高祖父、曾祖父、祖父到父親輩，至今已傳至第五代人。昔日尚未建廟之前，王爺的神尊是輪流供奉於頂社潘姓族人家裡，遷至北投番仔厝的初期，也只准許潘姓族人祭祀。這個時期的祭祀性質，比較類似於漢人的「家祠」或神明公廳。隨著番仔厝的漢人漸多，直至一九四〇年代保德宮才正式建廟，後續的信徒數量與祭祀圈範圍也逐漸擴大到整個村莊，保德宮作為「庄廟」的性質也漸漸被樹立起來。

目前廟裡供奉有「老祖」、「副老祖」、「大王」、「二王」、「三王」、「四王」等數座池府王爺的神尊：「老祖」為最古老的神像，也就是百餘年前由潘姓族人撿拾到的神尊；「副老祖」則為尺寸最大的一尊神像，是保德宮在番仔厝建廟之後才訂製的，每次宮廟進香時都會留守廟裡坐鎮；「大王」、「二王」、「三王」與「四王」四尊神祇，有時會被請到值年爐主的家中接受祭祀，其中又以「大王」的次數為最多。除了廟裡的幾尊池府王爺之外，潘姓族人也開始另外訂製池府王爺的神像，「分靈」請回家中祭祀。

目前由老祖「分靈」出來被信徒祭祀的神尊，已經有八尊之多，數量仍在持續增加。

我不禁會想，從十九世紀初到二十世紀一九四〇年代的百餘年之間，至少經歷了四代人的祭祀，池府王爺的神尊在潘姓族人眼裡，一開始究竟是如何被認知「祂」的存在？王爺的祭祀儀式又如何進行？族人在觀念上又產生了甚麼樣的轉變？或許一開始並沒有「起乩」的觀念，反而是以傳統「巫」的角度，來看待「祂」附著在原住民族人身上的現象；起初也可能沒有「王爺」的稱呼，而是以原住民的語言（或是夾雜一些閩南語）進行和「祂」的溝通，並以族人在頂社部落的傳統儀式與祭品來奉祀。「起乩」與「王爺」的觀念，應該是部落附近的漢人看到原住民在祭拜並以漢人的語言名之，才被原住民拾得的外來語言。但是，不論是漢人稱呼的「王爺」，還是原住民在面對「祂」的認知，關鍵還是在於「祂」擁有強大的靈力，而且非常真實和具體地被人們所經驗，所以原住民可以透過自身對「靈」的傳統觀念，來理解「祂」擁有的超自然性質。

因此，後續潘姓族人在和漢人接觸的過程中，地方漢人必然也感受到「王爺」的強大靈力，才能延續半世紀以上的祭祀習慣，甚至最後願意和潘姓族人一起為「祂」建立

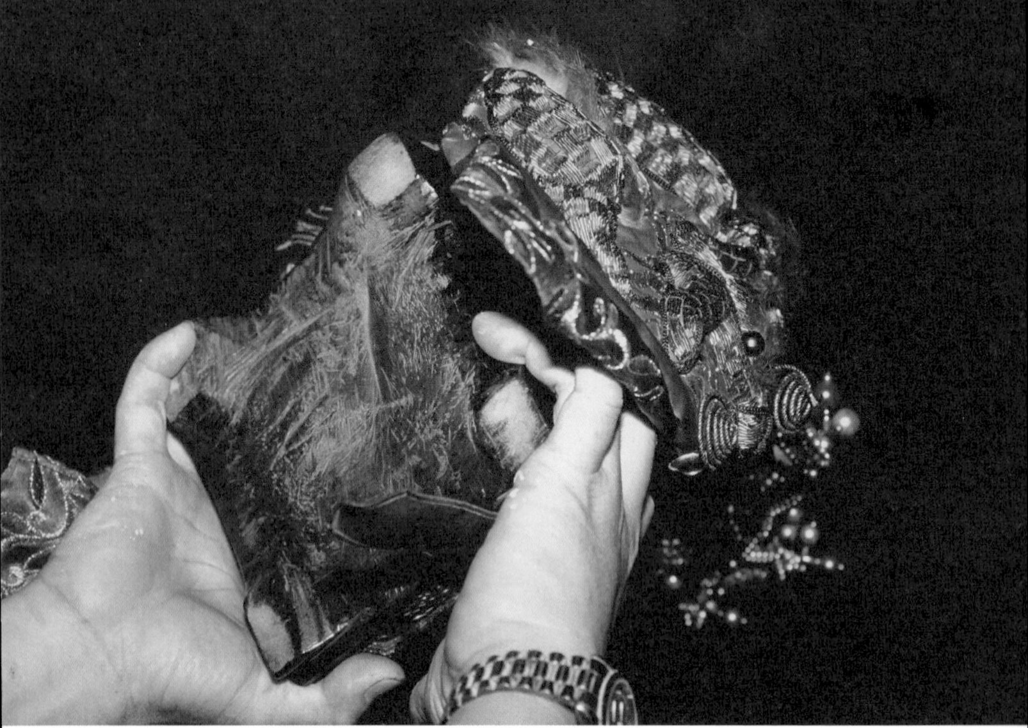
番仔王爺神尊底座的刮痕（呂理昌提供）

一座宮廟。另一種可能是，從社會結構變遷的角度來看，十八至十九世紀的淡北地區，已經有大量漢人在此墾殖和定居，也有漢人的街庄出現。此時北投一帶，必然已經出現原住民部落的土地逐漸流失到漢人手中的情形，在面臨社會環境鉅變的情況下，也許有部分族人會選擇轉向接納漢人的宗教，或是以策略性的文化偽裝行為，來適應漢人所建立的地方社會秩序，以維持僅存的部落力量或延續家族的命脈。

在早期的農耕時代，神靈信仰在撫慰人們心理及精神壓力上，扮演重要的角色，會讓信徒日漸增多的原因，大多是以「靈驗」、「神蹟顯赫」的故事，一傳十、十傳百的流傳。今日，保德宮所供奉的池府王爺，最初就是因為番仔厝庄民有感於祂能夠醫治百病、常顯神蹟，眾人才商議建廟、由庄民共同祭祀。從潘姓族人與庄民的口述中，可以感覺圍繞在王爺信仰周遭而形成的超自然敘事，與潘姓家族和番仔厝聚落之間的緊密關係。尤其發生在潘姓族人身上的靈異傳聞，大多直接與池府王爺有關，其中一則是潘坪城耆老的經歷：

> 以前，我大哥（潘坪城）喝酒後就會「起乩」。有一次，他喝了酒之後「起乩」，但整個村莊裡面的人，都認為那是他發酒瘋，沒有人相信，也沒有人理他。隔天，村裡的人請太子爺的乩童過來，結果太子爺就罵大家：「王爺選的乩童要辦事，你們都不信！」這時大家才相信，我大哥那天是真的「起乩」。[21]

接下來的神靈故事，則是與現任宮主潘國良耆老的親身經驗有關：

> 我二十多歲的時候，被王爺公找了十幾次，要我當乩童。每次我眼前出現一道白光在閃，就感覺祂要來找我了，這時我就會跑進廁所裡躲祂。因為我那時候不想要當乩童，所以就跟王爺說，幫祂處理好廟務就好，後來就沒再被祂找去做乩

> 童了。現在王爺有甚麼事情交代，晚上都會來告訴我，我睡起來就會知道，祂要我做甚麼事。[22]

潘國良耆老認為在接手宮主的職務後，王爺與他之間有「非語言」的聯繫方式。另一則是漢人信徒陳姓耆老宣稱，曾經在二〇一〇年即將拆廟的前幾個月，目睹廟裡發生的奇異事情：

> 二〇一〇年，廟被拆的前幾個月，潘國良感覺身體不對勁，就突然「起乩」了，在神桌上寫了一個「亂」字。那時候剛好廟眾之間不合，又發生漢人信徒坐在「起乩」辦事的椅子上睡覺的事情，他才會這樣（起乩），在桌上寫一個「亂」字。[23]

陳姓耆老是保德宮管理委員會的委員，也是番仔厝出生的在地人。他的口述中所提到的，王爺神尊藉乩身寫下「亂」字的事件，也有多位在現場的目擊者。另外一則神蹟故事，則是我聽聞潘國良耆老的弟弟——潘國榮耆老的口述：

> 番仔厝這裡因為地勢比較低，以前每次颱風來的時候，都會淹水。我十幾歲的時

> 候，有一次颱風，番仔溝的溪水整個滿出來，村莊裡很多人的家裡都淹水。我們家人就跑來廟裡面躲水災，睡在神桌旁邊。當時候廟旁邊都淹水，但那些水只要一滿上來，在要淹進廟裡時，就會馬上退下去，所以廟裡沒有被水淹到。這就是王爺在保護大家。[24]

「番仔溝」就是流經北投地區的水磨坑溪。這條小溪為清代嗄嘮別社與北投漢人聚落的界線。從溪頭至溪尾、由山上至山下，分別流經頂社、中社、下社等地。[25]潘國榮耆老提到，王爺顯現神力，將暴漲的溪水「退水」以保護庄民。另一則是提及王爺會給人治病的神蹟與靈力，這也是聚落裡最為常見的故事：

> 以前，村莊裡面有人生病，不管是生甚麼病，只要來廟裡祈求王爺，得到祂的同意之後，就可以用刀具刮鑿神像的底座，把刮下來的木屑拿回去家裡泡水喝，病就會好。現在不能刮了，因為再刮下去就會傷到神像本體。但是，你現在如果去跟王爺講，你身體哪裡不舒服，祂晚上還是會去治好你的病痛。[26]

池府王爺藉由附身在漢人稱為「番仔仙」的乩童（潘坪城耆老的曾祖父），顯威替

北投番仔厝保德宮的廟壁殘跡（攝於二〇一六年）

信眾醫治病痛。[27]番仔厝的漢人信徒江瑞忠也說過，王爺的神恩廣澤，居民若是有感冒、腸胃痛等疾病，上香祈禱而獲得「祂」允諾醫治的話，在木頭雕刻的神尊底座，鑿取木灰泡水服用，疾病就可以得到痊癒，他小時候也曾經受惠。由於經年累月，前來祈求者眾多，神尊底部被挖出一個拳頭大的凹洞，廟方為了避免神尊本體受損，幾年前用泥土填補後，婉拒再受理信徒「鑿灰治病」的請求。[28]王爺能夠醫治百病的傳聞，應是在番仔厝庄內流傳甚廣的神蹟，也是多數庄民在信仰上的心理慰藉。

儘管在這些王爺神蹟的故事背後，顯露出廟方想要增強信眾對王爺信仰的認同，以及希望神靈香火鼎盛的內在意圖。但是，仍不能否認神靈的超自然力量，在信徒心中的真實性，因為這些大都是口述者親身經驗與實際遭遇過的現象，不完全是古早時代的神話傳說。換句話說，無論保德宮的王爺信仰是經由過去祖靈信仰轉化而來，還是後來受到漢人傳統信仰的影響，都是後人對信仰所做的「人為」詮釋和推想，重要的是「靈力」的存在，以及人們經驗「靈力」的切身感受，已經不再區分原漢族群，跨越了傳統原住民的宇宙觀及漢人宗教的認知界限。

印象很深的一件事，是在二〇二一年的夏天，一位久未造訪保德宮的阿姨，來到廟裡找朋友，眾人也熱情邀請她一起在廟旁吃飯談天。大約過了半小時，她告知一旁的友人身體有些不適，想要回去休息一下，但就在起身離席之後，突然走向王爺神尊，低頭散髮、表情痛苦地扶著神桌。旁人見狀便前去關心，想要把她攙扶回一旁眾人的聚餐處，卻被她一手甩開，而且還對友人哮吼了一聲，不願意離開神桌。旁邊幾位大哥見她的情況有點不對勁，也連忙上前關心。但是，無論大家怎麼問她、叫她、拉她，阿姨都沒有回應，僅是自顧自地又吼又叫，眼珠子還逐漸往上吊，幾乎要翻出白眼，狠狠地瞪著那些要攙扶她離開神桌的友人。最怪異的地方是，阿姨的力氣之大，變得完全不像本人，在場兩三位壯漢都拉不住，不斷被她甩開。正當眾人陷入驚懼、不知道如何處置時，一旁的潘姓耆老淡定說道：「好了，老祖（王爺）要辦事了。」起身上前詢問那位阿姨（請示王爺），要辦甚麼事？

只見那位阿姨靜默無語，以極為兇悍的眼神，舉起她的左手、豎起食指，指著她吃飯時的座位，經過幾輪的詢問之後，才確認是要拿她放在座位上的黑色包。接過手後，阿姨在包裡亂翻了一陣，拿出一個刻有人形的玉墜，是她前陣子去泰國旅行時，在某間寺廟裡「求」回來的東西。阿姨隨即大力地將玉墜丟在地上，然後整身癱軟在地，過了一會兒才慢慢恢復意識。潘姓耆老和她說道：「剛剛是王爺在幫你，王爺已經把你身上的『歹物仔』趕走了，以後不要亂去『求』一些不知名的東西了。」那位阿姨頻頻點頭說「好」，眾人又繼續吃飯、喝酒談天，彷彿回到事發之前的飯局氣氛。但是，為甚麼阿姨會突然發瘋似地吼叫？為甚麼力氣突然大得不合常理，連幾個壯漢都拉不住她？又為甚麼她會拿出那個玉墜，砸在地上？無數個科學難以解釋的問題，在廟裡可能隨時會發生，「超自然」經驗幾乎已經成為一種日常。

引起我注意的是，當代的潘姓族人仍稱池府王爺為「老祖」；臺灣也有許多保有平埔族原住民信仰祭儀的「公廨」，信眾也稱呼祖靈或神靈為「老祖」。儘管這仍是受到漢人道教信仰或民間宗教影響下的用語，但背後的社會脈絡及歷史過程究竟如何發生？神靈的超自然力量又是如何在時間、空間之中不斷流轉？百年前的漢人大量進入部落的鹿場和傳統社域，汲汲營營地從事土地的拓墾事務，迫使族人在歷史中逐漸隱遁了身影，原本在地表上清晰可見的族群界線，也在百年後的今天消逝無蹤，但在原漢人群接觸過程中，顯現的「靈」與超自然力量，卻還持續地存在於今日的淡北地帶。

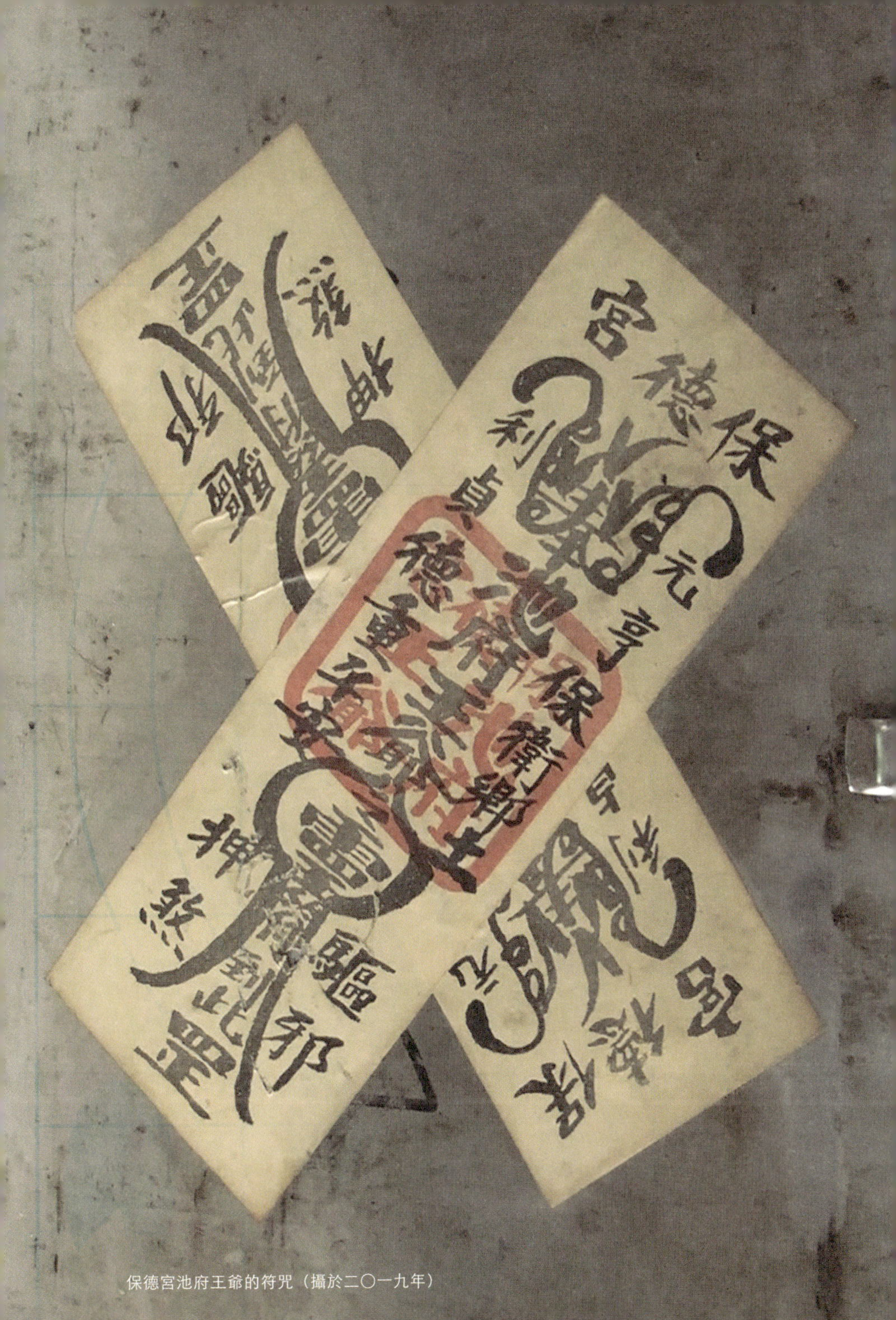

保德宮池府王爺的符咒（攝於二〇一九年）

註1：高賢治，《大臺北古契字集》（臺北：臺北市立文獻館，二〇〇二年），頁三一五。

註2：林芬郁，〈平埔族聚落之遺跡見證：北投保德宮〉，《臺北文獻》第一六三期（二〇〇八年十月），頁一〇三。

註3：楊國文，〈十信擬拆 保德宮仍列文化景觀〉，《自由時報電子報》（二〇〇九年十一月四日），網址：http://news.ltn.com.tw/news/local/paper/348265。

註4：公視新聞臺，〈拆除北投保德宮 信眾與警方拉扯〉，《公視中晝新聞》（二〇一一年八月二日），網址：https://www.youtube.com/watch?v=R5lnt-IVzF0。

註5：保德宮管理委員會，《北投保德宮簡介》（臺北：保德宮管理委員會，二〇〇七年），未刊行。

註6：蔡相煇，〈陽明山、北投訪古〉，《臺灣文獻》第二十六卷第三期（一九七五年九月），頁二〇二。

註7：林芬郁，〈平埔族聚落之遺跡見證：北投保德宮〉，《臺北文獻》第一六三期（二〇〇八年十月），頁一二一。

註8：伊能嘉矩著，溫吉譯，《臺灣番政誌（二）》（南投：臺灣省文獻委員會，一九九九年），頁五三二。

註9：伊能嘉矩著，國史館臺灣文獻館編譯，《臺灣文化志》（臺北：大家，二〇一七年），頁三五九～三六〇。

註10：黃提銘，〈南岸或者北岸？追索八里坌人的腳蹤〉，收於劉還月主編，《尋訪凱達格蘭族：凱達格蘭族的文化與現況》（臺北：臺北縣立文化中心，一九九八年），頁一八二。

註11：伊能嘉矩，《平埔族調查旅行：伊能嘉矩〈臺灣通信〉選集》（臺北：遠流，一九九六年）。

註12：許陽明，〈訪記「北投社」凱達格蘭人潘慧耀長老〉，《賴永祥長老史料庫》，網址：http://www.laijohn.com/archives/pc/phoan/Phoan,Hiau/interview/Khou,Ibeng.htm。

註13：林芬郁，〈公園・浴場：新北投之文化地景詮釋〉，《地理研究》第六十二期（二〇一五年五月），頁二十九。

註14：北投區志編撰委員會，《北投區志》（臺北：北投區公所，二〇一一年），頁二六三。

註15：陳允芳，《北投傳統人文景點研究》（臺北：國立臺灣師範大學歷史研究所碩士論文，二〇〇三年），頁三十二。

註16：筆者訪談，〈潘姓耆老口述〉，二〇二三年五月。

註17：筆者訪談，〈陳姓耆老口述〉，二〇二三年二月。

註18：筆者訪談，〈潘國榮耆老口述〉，二〇二三年一月。

註19：筆者訪談，〈潘國良耆老口述〉，二〇二三年三月。

註20：蔡相煇，〈陽明山、北投訪古〉，《臺灣文獻季刊》第二十六卷第三期（一九七五年九月），頁二〇二。

註21：筆者訪談，〈潘國良耆老口述〉，二〇一七年四月。

註22：筆者訪談，〈潘國良耆老口述〉，二〇一七年四月。

註23：筆者訪談，〈陳姓耆老口述〉，二〇一七年四月。

註24：筆者訪談，〈潘國榮耆老口述〉，二〇一七年四月。

註25：北投區公所，《北投區志》（臺北：北投區公所，二〇一一年），頁二十五。

註26：筆者訪談，〈潘國榮耆老口述〉，二〇一七年四月。

註27：林芬郁，〈平埔族聚落之遺跡見證：北投保德宮〉，《臺北文獻》第一六三期（二〇〇八年十月），頁一〇四。

註28：陳璟民，〈真奇「廟」，番仔厝拜「王爺」〉，《自由時報電子報》（二〇〇七年七月二十四日），網址：http://news.ltn.com.tw/news/local/paper/143265。

越界
之靈

貳

接觸地帶的信仰

番仔厝保德宮的信眾裡，一位家族世居在北投的曹姓漢人耆老，曾經和我說過，早期關渡、埔頂與臺北藝術大學所在的那一塊山坡地，以及北投中和街北側的山坡，過去都是一大片的「墓仔埔」。他年輕的時候，還有幾次跟著附近廟宇的乩童，一起去「抓鬼」的經驗：

> 你看現在那些山坡地上蓋了這麼多間的房子，一間比一間還氣派。以前我小時候，那邊全部都是「墓仔埔」，是很陰的地方，平常不會有人敢過去。後來你們學校（指臺北藝術大學）要蓋的時候，我還有跟人家去那邊幫忙抓鬼，因為有人拜的墓都遷走了，無主的骨骸就沒人管。當時乩童按照神明指示，帶著一鍋油前去抓鬼。抓到鬼之後，就把祂們丟進去油鍋裡炸。說也奇怪，那鍋油根本沒有煮過，是冷的，但是鬼被丟進去鍋裡的時候，卻有「滋」、「滋」、「滋」的聲音。那鍋油是我負責端的，我很清楚。[1]

漢人耆老講得很傳神，讓我幾乎可以想像當時「抓鬼」的畫面。不過，那滋滋作響的油炸聲，到底是怎麼來的？究竟是一種幻覺？還是人的腦袋裡無中生有的聯想？我寧願相信，這是耆老所經歷的真實經驗。正因為「鬼」是超自然的存在，所以神靈指示乩童去「抓鬼」。在地方民間社會的生活當中，這樣的情事屢見不鮮，和人們的日常經驗緊緊相依在一起，直到今日，仍普遍存在於淡北地區。但是，人與「靈」的接觸，並非只是口耳相傳、沒有歷史的，這樣的經驗不僅僅存在於當代漢人耆老的生命裡，也廣泛存在於各種外來信仰同原住民族人接觸的過程當中。

我也逐漸發覺，歷史上淡北地區平埔族原住民的信仰變遷過程，除了保德宮的「番仔王爺」信仰以外，不少部落也遭遇了十七世紀的傳教士與天主教信仰。至於十八世紀時關渡宮的建立等歷史環節，更呈顯出這個地區的原住民族對於外來信仰的抵制、接納及轉變等非常複雜的型態。骸骨、墳塚、神祠和宮廟，如今遍布在大屯山系及基隆河流域各處，除了留存不少漢人和原住民互動的文史痕跡之外，地方信仰中的「鬼」與「神」是否可能透露更多的歷史線索？原住民的祖靈觀念濃厚，祖靈祭在各族當中也普遍存在，[2]族人與漢人接觸之後，這些圍繞在「靈」周遭的文化、儀式和祭典，早已經在原漢人群之間譜出一段幽微的「神靈史」。

原住民與荷西傳教士

荷蘭東印度公司（Vereenigde Oost-Indische Compagnie, VOC）於一六二四年在安平港（臺南安平一帶）登陸並佔有臺灣南部地區，在南臺灣的宣教事工頗有進展，但在臺灣北部卻毫無所獲。雖曾派遣傳教士到淡水一帶，然而並沒有留下當地原住民進行禮拜或受洗的紀錄。相較之下，西班牙人在北臺灣殖民統治的十六年間傳播天主教信仰，就得到較多的迴響。一六二七年西班牙人進入淡水一帶設立據點，當時傳教範圍包含了宜蘭、基隆與臺北盆地周遭地區。一六三二年，西班牙傳教士哈辛托·艾斯奇維（Jacinto Esquivel）到北投社宣教，北投一帶的頭目甚至曾請求西班牙人派遣傳教士，受洗其子弟。[3]據稱，在一六三六年時，已有一千名的原住民信奉天主教。[4]到了一六四二年，荷蘭人佔據北臺灣為止，來臺灣宣教的傳教士有三十多人，原住民當中改信天主教者，應該不下四千位。[5]

然而，此時族人信奉天主教的動機可能需要探討。歷史學者康培德就認為：對於當時的原住民來說，天主教信仰是可疑的；若非考慮實際的理由，以及原有價值體系是否可接納，放棄原有信仰與價值，接受外來的宗教，不見得是理性的選擇。原住民族人轉而信奉天主教的原因，有時候可能和傳染病盛行有關，或是透過部落原有的祭儀觀念，來理解西班牙人的天主教信仰，以及基於維持與敵對部落之間勢力的平衡考量，向其他敵人宣告部落已經擁有西班牙人、教堂和傳教士，可以不懼敵社的挑戰與威脅。[6]依照康培德的研究，當時淡北地區信奉天主教信仰的原住民部落，並非完全是因為西班牙人的武力或權力壓迫而信奉外來宗教，反而存在為了因應各個部落之間現實的局勢變化，主動進行的考量與選擇；也就是說，原住民族人可能是在維護部落權益的前提下，以自身的文化觀念來接納天主教的部分觀念。

因為，即便西班牙人在淡水已經建立殖民據點，當地部落之間的「獵首」行為仍屬於常態。[7]當時，原住民的「獵首」行動也會針對西班牙籍的傳教士。在一六三三年，淡水、關渡一帶的林仔社原住民，就曾經襲殺了西班牙傳教士傅耶慈（Francisco Vaez），取其首級和右手臂。[8]一六三六年，北投一帶的原住民也曾襲擊西班牙的軍需船，並殺死傳教士慕洛（Luis Muro）；慕洛被人發現時，屍身遭到萬箭穿心，首級、手和腳都被斬斷。[9]儘管我們無法得知，這位傳教士是否觸犯了部落的規範和禁忌，或是被當作一位入侵者，而遭到如此下場。不過，顯然當時部分族人即使有經歷受洗儀式，實際上還是以自身部落的社會慣習及傳統規範，來處置部分西班牙的傳教士。

關於原住民族人的「獵首」行為，根據完成於一五九〇年代的《馬尼拉手稿》（*Manila Manuscript*）記載，淡水各社之間進行戰爭的時候都有一個習俗，就是殺了某人之後割下頭顱、剝其外皮，只留下頭蓋骨，在鑲上金箔之後，掛於家屋裡最主要廳堂的牆上，並會與死者和諧地共住在一起。[10]該手稿中一名女性手持鑲金頭蓋骨的圖像，表明當時負責執行祭祀、治病、祈福、喪禮等社會上各項重要儀式的女性巫者，可能是部落中的重要人物。也顯示當時族人的「獵首」行為與傳統祖靈信仰之間有著緊密關係，並未因接納了天主教信仰而消失，反而能夠並行存在。

一六六五年，佔領南臺灣的明鄭政權派軍北上攻擊聖多明哥城（San Domingo），時領臺灣北部的荷蘭人守軍開城門投降，結束荷蘭人在此地十年的經營。此後直到十七世紀末，原本船帆航行、盛極一時的基隆、淡水一帶，再沒有殖民者的軍隊駐紮，也沒有傳教士、行政官員居住，只有少數的中國商人和漁民往來。[11]之後，不論是基督教或是天主教，從明鄭至清帝國統治中葉，宣教工作中斷近兩百年之久，沒能在當地原住民心中奠定穩固的信仰基礎。在這兩百餘年之間，雖然有零星的傳教士來到北臺灣，但受制於外交與政治時局等因素，故而沒有在改變當地信仰上發生太大的作用。[12]可能在明鄭至清朝統治初期，北臺灣平原地區的原住民，仍很大程度保有自身的傳統信仰及文化；後續至清朝統治中葉，原住民族人接觸較多的是以漢人移墾者為主體的宗教及祭祀型態。

通事、原住民與關渡宮

建立於一六六九年（康熙八年）的唭哩岸「慈生宮」，是由福建同安、漳州兩地的漢人移民合力創建。[13]根據地方的沿革：「明末福建同安、漳州兩縣先民來臺開墾荒地，務農耕作。先民來臺拓墾，地域觀念強，原漢雙方時起爭端，祀奉神農（又稱五穀爺、五穀先帝）可減少械鬥與紛爭，保祐五穀豐收、庇佑鄉民。」[14]儘管與當地唭哩岸社原住民發生衝突的原因有待考證，但這種說法還是反映出漢人入墾之初的建廟原因，頗有「防止番人作亂」的意味。至少唭哩岸一帶在十七世紀末時，原住民並沒有參與興建此廟的事務，也未完全接納漢人的宗教信仰。

昔日淡北地區的原住民族人，每年春、秋兩季，各舉辦一次會飲儀式祭拜祖靈。祭祀當日，全部落的男女會集合於公共場地舉行宴飲，族人於酒後吟唱祭祖歌曲、攜手共

《馬尼拉手稿》所描繪的淡水地區之原住民（出處：維基共享資料庫）

上：唭哩岸慈生宮的廟牌
（攝於二〇一九年）

下：今日唭哩岸慈生宮的景貌
（攝於二〇一六年）

舞。北投社原住民族人則會向祖靈請示結婚的吉凶。[15]一七二二年（康熙六十一年）由巡視臺灣御史黃叔璥採錄的〈淡水各社祭祀歌〉歌詞有云：

遲晚日居留什（虔請祖公），
遲晚眉（虔請祖母），
街乃密乃濃（爾來請爾酒），
街乃密乃司買單悶（爾來請爾飯共菜），
打梢打梢樸迦薩嚕塞嘆（庇祐年年好禾稼），
樸迦薩嚕朱馬喈嚼喈（自東自西好收成），
麻查吱斯麻老麻薩拉（捕鹿亦速擒獲）。[16]

從歌詞可知，淡北地區的原住民族明顯具有祖靈崇拜的信仰。當時族人除了向祖靈請示結婚吉凶，生病時則由巫者祈求，向祖靈祈禱治病，也有占卜的習俗。[17]顯示至少在十八世紀初期左右，淡水及北投各個部落可能仍保有傳統的祖靈祭祀慣習。

根據北投社後裔潘慧耀耆老的說法，族語 Kipatauw（北投）的原意是「進行施加巫術和詛咒」的動作。日治時期伊能嘉矩的調查報告中，則記錄成「女性巫者」之意。有關巫術和詛咒之術的行使，潘慧耀耆老也提到：「當時部落發生戰爭的行為之前，巫師會舉辦祭典、公開詛咒入侵的敵軍將會出師不利、惡運連連；即使是巫者也不能扭曲是非對錯、胡亂施行巫術與詛咒，否則惡運也會降臨到自己或家人身上。」[18]縱使當代耆老的口述，不能完全反映昔時的觀念，但仍可以一窺過去北投及淡水各社內部（除了今日臺北的「北投」，也包含今日淡水的「北投仔」一帶部落），其實有著關於如何運用「靈力」的在地知識，並存在近似於「巫」（Shaman，或稱為「薩滿」）的身分觀念，而且「巫」作為與靈交涉的中介者，又和傳統的祖靈觀與生態倫理有深層的聯繫。

這一類的部落傳統觀念，可能也反映在一六九九年（康熙三十八年）時，基隆河流域一帶族人的動亂事件：「土目冰冷素負力，其戚以女字通事金賢，已而將娶之，不許。賢怒撻女父，女父懟於冰冷，遂殺賢以叛，遣人告吞霄相應。」這位部落的領袖冰冷，之所以要殺害漢人「通事」金賢的原因，是因為通事想要娶部落族人的女兒為妻，但族人以女兒年紀尚小、不願出嫁的理由拒絕通事的請婚。通事知道以後非常憤怒，派人將那一名原住民族人綑綁在樹上，加以鞭撻洩怒。[19]過後，族人向冰冷告狀，冰冷也立即率

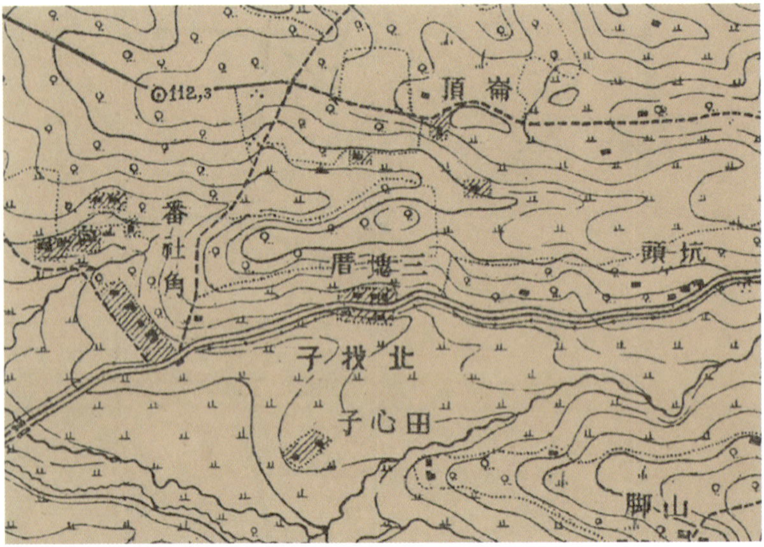

《日治二萬五千分之一地形圖》中淡水一帶的「北投仔」與「番社角」
（出處：《臺灣百年歷史地圖系統》，中央研究院人社中心 GIS 專題中心。）

領部落壯丁殺掉通事的人馬。接著，冰冷派出部落壯丁南下，告知苗栗一帶吞霄社的道卡斯族人，[20]一起在北臺灣反抗清帝國的治理。

「土目」又稱為「土官」，通常由部落領袖擔任，平時在部落內「約束番眾，管理社務；對外則代表番社」。但是，清帝國統治臺灣初期，「通事」多由漢人擔任（乾隆二十二年之後，才由識漢字的原住民擔任），因為「番社不通漢語，納餉、辦差，皆由通事承辦」。[21]因此，通事負責徵收社餉、辦理部落與官府之間的差事。又因為清帝國認為原住民「未開化，不知書算」，所以讓通事來輔助不知文字及算

《淡水廳志》內，繪有關渡宮與關渡街的〈關渡劃流圖〉。

從關渡靈山公園望向淡水河（攝於二〇一九年）

數，也不熟悉漢人制度的「土目」處理部落事務，結果反倒可能造成兩者產生管理及職權的衝突。

從上述的紀錄看來，表面上是一樁原住民與漢人通事之間的紛爭，但實際上可能涉及部落族人與漢人對於傳統嫁娶觀念的差異；在描述北投一帶原住民「踞上淡水溪畔，雖內附，每殺人」的記述裡，並不能將「殺人」單純理解為奪去異族性命的野蠻行為，而要以「獵首」之觀念來理解，而獵首事件背後的原因，也可能是漢人觸犯了部落的某些傳統禁忌與規範。儘管已經有通事介入部落事務，但從此事件可以推想，十七世紀末葉左右的族人，可能保有部落傳統的社會組織、婚嫁觀念及祖靈信仰，並未完全信奉漢人宗教。

另外一件淡北地帶原住民「獵首」的紀錄，是發生在一六九七年，清帝國官員郁永河來到北投一帶主導採掘硫磺事務的時候。他剛抵達當地的那天夜裡，河流對岸有漢人漁夫睡在自己搭建的工寮裡，半夜時，工寮外突然射進一枝箭，那位漁夫差點被擊斃。射入工寮裡的那一枝箭，被發現是原住民用來獵捕鹿群的武器。過沒幾日，在郁永河的住處附近，又發生原住民走在路上被殺死的凶案。[22]郁永河甚至認為這些事件，都是附近還未開化的「野番」所為。縱使文獻中只有短短一句「有社人被殺於途」，但從原住民的角度，並非是單純的「殺人」，往往帶有複雜的社會動機、靈魂觀和儀式性意涵。這表示在十七世紀末的時候，淡北地帶各個部落之間的原住民，仍維持著部落與部落之間的傳統互動模式，受到清帝國與漢文化的影響還較少。

但到了十八世紀初，北投、嗄嘮別與關渡一帶的原住民開始接觸漢人信仰。根據漢人這端的史料，關渡宮為一七一二年（康熙五十一年）福建臨濟宗的僧侶石興，自中國大陸湄州將媽祖「分靈」（又稱分香，指在某座寺廟求取神靈的香火，奉請至另一地建廟供奉的行為），恭迎至關渡立廟，稱為「天妃廟」（或是「靈山宮」）。當時臺北關渡地區

今日的關渡宮景貌（攝於二〇一六年）

尚無漢人聚落，駐守軍人也不能從事建廟雜役，工程就落到擅長搭建茅草屋的原住民族人身上。興建工程由當時地方官員派任，並由大雞籠社的「通事」賴科負責。[23]一七一七年（康熙五十六年）刊行的《諸羅縣志》也記載：「天妃廟……在淡水干豆門（關渡）……康熙五十一年建廟以祀天妃。落成之日，諸番並集。」[24]因此，關渡宮在廟宇創建之初，附近的原住民也有參與。後續在一七一五年（康熙五十四年），賴科也招集當地原住民集資，「易茅以瓦」重建關渡宮。

事實上，在康熙末年時期，關渡附近居民主要是北投社、嗄嘮別社與八里坌社的原住民，因而包括了媽祖廟所在地，關渡一帶的土地都屬於北投社所有。歷史學者黃富三就曾探問：為甚麼北臺灣首座的媽祖廟，既不建築於近海的淡水河口一帶，也不建立在臺北盆地內的新莊、萬華與士林等河港貿易區，而是建在盆地邊緣的關渡？根據他的推測，關渡宮的原廟址可能原先就是一處「番產交易所」，為原漢人群雙方彼此交換生活物品、人群交往的重地。又因為關渡宮最先由茅草建成，茅草是典型的平埔族原住民建材，所以猜測廟宇原先可能是當地原住民部落的「公廨」或「瞭望樓」。[25]

值得注意的是，成書於一七二〇年代的《東征集》也記載「干豆門媽祖宮廟祝林助……能通番語」，[26]「廟祝」是受到當地信徒或管理單位之託，協助管理及維護廟宇、奉祀諸神靈、主管廟內香火事務的人。此時，關渡宮的廟祝是一位「識番語、通番情」之通事出身者，[27]反映出康熙年間原住民族人接受漢人信仰的程度，與通事所扮演的溝通中介功能，有著緊密的關聯性。

北投關渡宮刻有「北投社弟子潘元坤喜助」之龍柱
（攝於二〇一九年）

我感覺，在十八世紀初期，原住民開始接觸漢人宗教信仰事務時，當時的漢人通事應該扮演相當重要的中介角色，甚至在徵詢原住民族人是否有意願參與關渡宮的事務，以及是否選擇信奉媽祖信仰的過程當中，具有關鍵作用。通事因為懂得族語，在溝通及翻譯工作上位居重要位置，甚至比一般人較能掌握到各部落之間的情勢與互動關係。縱使我們無法完全知曉關渡宮「落成之日，諸番並集」之確切原因，畢竟彼時原住民關於「媽祖神」與建廟儀式的理解，可能仍與漢人傳統信仰的觀念有所不同。但是，從漢人廟宇落成當天會進行的「安座入廟大典」與「謝土儀式」來思考，能得到原住民族人的參與，關鍵在於漢人通事與原住民之間對於「神靈」觀念的翻譯和溝通，達到某種雙方都可接受的平衡性詮釋。

換句話說，延續過去研究者的猜測，如果關渡宮的所在位置，原先是部落的「公廨」所在地，那我們就不應該從漢人「建廟」的角度來思考這段歷史；相反地，最初的情況極可能是：當時漢人的人數仍然不多，為了在此地討生活，要透過通事和人口與勢力仍強的部落，進行居中的溝通和調解。漢人剛開始必須循著原住民的文化實踐與祭儀形式，使自己在一定程度上「原民化」，才能逐漸與原住民去協調「公廨」及其周遭場域當中，

上：現今「關渡萬善同公祠」祠內一景（攝於二〇一八年）
下：現今「嘎嘮別城隍廟」一景（攝於二〇一八年）

能否包容或共同納入漢人的神靈信仰，甚至透過通事居中翻譯與再認識，慢慢地找尋到雙方對於「靈」的共通觀念（例如，都認為有超自然力量的存在），才產生漢人與原住民合力翻修「公廨」的建築，「易茅以瓦」來建立關渡宮的原型。

媽祖的香火從中國大陸遠渡來臺，起初應該是和當地原住民的祖靈信仰，共存於關渡。後續不論是關渡宮的改建或翻修，必然都涉及到原住民這端在面對漢人宗教及其背後蘊含的社會秩序時，所進行的人群勢力協商和公眾事務之參與度的考量，在漢人的宮廟體系與信仰秩序逐漸站穩腳步之後，族人也持續介入其中事務，透過「獻給」和「喜助」等方式，表達原住民在地方社會中的影響力。今日，關渡宮裡仍保留著一七八三年（乾隆四十八年）興建之龍柱，上面也刻有「北投社弟子潘元坤、劉士損、金佳玉仝喜助」、「弟子潘必造喜助」字樣，印證原住民族人參與了關渡宮的宗教事務。[28]再者，一八二三年（道光三年）的石窗上，有一捐獻人名為「臺長生」，並未列出其祖籍（但其餘敬奉者皆有），所以有研究者認為他是原住民、並非漢人。[29]平埔研究者潘英即指出，「臺」這一姓氏是原住民特有的漢姓，淡水一帶就有臺姓家族；[30]也有田野訪談資料顯示，目前散居於關渡、竹圍的臺姓家族可能為原住民。[31]因此，至少從乾隆至道光年間，部分族人

北投牛埔公墓的「顯考番公之墓」，現已遷墓至竹子湖。（攝於二〇一九年）

參與關渡宮的祭祀信仰，原漢人群互動應該已經變得較為密切。這種情形至少持續到十九世紀初期。

公廨、地基主與土地神祠

關渡宮附近設有一座「關渡萬善同公祠」，沿革記載此地在「清朝至日治時期，相繼開闢墘田、淡北兩條公路，開挖出很多無主骨骸散落遍地」，[32]因而建立這座萬善同公祠祭祀。從史料文獻來推斷，這裡應該是昔日「嗄嘮別義塚」的範圍之一，根據《淡水廳志》記載為一七五八年（乾隆二十三年）時「眾社番獻給」。[33]「義塚」是收埋「貧無以葬者」或「無主枯骨遺骸」的墓塚，顯示嗄嘮別一帶的原住民族人，已經介入當時漢人移民對無主屍骸的安葬事務。[34]今日在嘎嘮別山的山腰處，也有一間「嘎嘮別城隍廟」，也許是義塚設立之後，地方漢人集資建立的廟宇。

原來北投境內的牛埔公墓（今北投中和街山腳一帶），也留有一座一七六五年（乾隆三十年）的「顯考番公之墓」，祖籍寫為「嘎別」，墓碑上的「番公」應該就是嘎嘮別社族人之墓（後因墓地被劃為校地，該墓今已搬遷至竹子湖一帶）。墳墓的型制與傳統漢人的墳墓形式相似，顯示至少在乾隆年間，嘎嘮別社的族人在墓葬的習俗上，已經一定程度受到漢人社會的影響。然而，當時族人實際執行的喪葬儀式、物品究竟如何？是否與漢人有所不同？仍有待研究者發掘。

今日還能夠體現出淡北地區原漢人群互動的另外一項幽微的歷史線索，就是這片土地上的泛靈信仰。在地方社會的認知裡，大屯山系周遭的漢人市街與聚落當中，仍存在不少由昔日原住民族人的泛靈觀念，逐漸轉化與融合而來的土地公、地基主與陰祠信仰。從漢人民間社會的角度，土地公是對土地的崇拜與尊敬，時常透過石頭、樹木與溪河，來維繫漢人與周遭環境的關係。地基主則被認為是，漢人對原先居住在這塊土地上的原住者之靈魂的尊重，隱含著漢人面對土地時的泛靈思維。

今日在淡水、北投一帶的土地公祠、地基主廟及有應公廟的數目眾多，但設立年代大多已經不可考。尤其在淡水地區，根據文史工作者的統計，土地公祠最多有六十餘間；祭祀各種有名或無名孤魂及地基主的有應公廟、地基主廟為次，大約有五十五間之多。因為淡水當地漢人視「地基主」為原居住於土地的無名陰靈及骸骨，所以和有應公、萬善爺的性質相似。土地公祠旁邊時常會另外設立一小廟，祀奉「地基主」靈位，這是淡水地區土地公信仰的重要特色之一，其他地方較為罕見。[35]

位處北投社舊地、八仙埔一帶的「威靈正光地箕主祠」，則不再只是設置地基

淡水竹圍一帶的「地基主」石碑（攝於二〇二二年）

主的靈位，而是已經刻有地基主的神尊。神像後方則仍有「地箕主元神」之石碑，兩側旁祀土地神。另一個例子，是在淡水的「星蕃靈公祠」，祠內無神像，僅有一石碑刻著「星蕃靈公」字樣。據當地居民口述，認為這位神靈是昔日原住民族人的先民，而且「星蕃」的讀音和「生番」的閩南語讀音相似。這裡也是昔日圭柔社、大屯社的部落範圍。大屯社所留下的古地契、文書資料極少，但一九一五年（大正四年）日本殖民政府進行戶口調查時，此地大屯庄仍有原住民族人男性十九人、女性八人。現在依然存有「番社前」、「番社」、「番社後」、「番仔厝」等地名，暗示此地的「星蕃靈公」可能為原住民。

北投八仙埔一帶的「威靈正光地箕主祠」（攝於二〇二二年）

《淡水廳志》曾記載：「淡水番亡，用枋為棺，瘞於屋邊，以常時雜物懸墓前。」[37]《東西洋考》也說道：當地原住民會於人死了之後，用荊棘和木柴把墓穴燒毀，把屍體放在火堆上燻燒，然後圍繞著死者屍體哭泣。等屍體乾燥之後，族人會將其帶回藏起來，如果有祭祀活動，也會再拿出來烘乾。過了幾代之後，族人會改換地方居住，然後把所有的骨骸都埋進舊家的地底。這種葬法，是其他地方的人們都沒有的。[38]凡此記述皆顯示出北臺灣淡北地帶的原住民族人，大多習慣將祖先的遺體埋葬在床底或住家附近。

也有文史工作者的田野調查指出，部分漢人的土地神和「地基主」信仰，可能源自於臺灣原住民的葬禮文化與祭祖傳統中，將死者埋葬在床底下或住家附近的習俗。目前尚有一種推論為：清帝國在統治臺灣之初，訂定的〈渡臺禁令〉規定「男子不准攜眷，業經渡臺者，亦不得招致」，所以有相當多的漢人與臺灣原住民女子結婚（或者入贅）。尤其平埔族原住民傳統上為母系社會，女子是主要的財產繼承者，但後續往往由漢人取得平埔族的土地。取得平埔族土地的漢人，為了對平埔族的先人表示敬意而加以祭祀，就將被祭拜的平埔祖先稱為「地基主」。[39]淡水一帶漢人居民則慣稱祂們為「地基陰公」與「地基陰媽」。

「庄仔內福德祠」的捐獻碑文首列為「圭北屯社出艮七大元」（攝於二〇二二年）

此外，還有一種說法是：「地基主」原為平埔族原住民的祭祀神靈之一。平埔族古時祭祀「地基主」之靈，往後漢化的平埔族人弔慰亡魂，並且混入漢人的道教習俗與灶神、土地神信仰，所以許多小祠的前身就是平埔族原住民的「公廨」。[40]「公廨」是指平埔族人的祭祀場所，族人會在此地祭拜祖先，由祭司或巫者招喚、邀請祖靈做指示等。不論是昔日北投番仔厝「福神宮」（今已合祀於保德宮內），或今日士林石角庄「芝山宮」、淡水「庄仔內福德祠」的土地神信仰，皆有從「公廨」轉化為土地神祠的傳說及信仰痕跡。

淡水的庄仔內地區，有研究者根據

淡水草埔尾一帶的「星蕃靈公祠」（攝於二〇二二年）

一八三三年（道光十三年）「庄仔內福德祠」的重修碑文中，捐獻名單首列為「圭北屯社出艮七大元」，推測這一間廟的歷史早於清代道光年間之前就存在。不過，土地神信仰並非「圭北屯社」（又稱雞北屯社）的傳統信仰，所以這間土地公廟究竟原先是甚麼身分？就很值得追問。因為這座土地公祠的所在地，在道光年間以前原本就是「圭北屯社」的社地，會以部落名義進行捐獻的時間點，應該落在一八三三年此廟祠重修之前。從這兩個訊息來看，庄仔內福德祠在道光以前可能是圭北屯社的「公廨」。只是，隨著道光以後「圭北屯社」在庄仔內的土地逐漸被漢人掌握，原本的原住民信仰也轉變成為在

士林石角庄「芝山宮」的番仔土地公（攝於二〇一八年）

此地耕作的漢人的土地神信仰。[41]

「圭北屯社」的出現，緣起於圭柔社、外北投社、大屯社這三個部落的土地相連，族人彼此往來密切。漢人移墾力量進入後，原住民的土地日益減少，為了維繫部落命脈的存續，部落與部落之間的連結就變得相當重要，所以在一七四六年（乾隆十一年）以後的文書，大多以「圭北屯社」的名義出現。不過，歷史學者溫振華認為，從當時由圭柔社、外北投社、大屯社所組成的屯丁數量僅有十一名來看，這三個部落確實已經衰微。[42]但是，在庄仔內福德祠重修的一八三三年時，「圭北屯社」可能主觀上還是認為這座廟祠是部落的「公廨」，或是當時曾經一度共同祭祀原漢兩個族群的信仰，也可能是原住民在漢化的過程中，已經逐漸將自己的祖先或神靈信仰轉化成為漢人的土地神。[43]

然而，平埔族原住民的「公廨」過去除了是祭祖之所，也時常是「土目」辦公及「通事」舉行部落會議、商議重要事務之地。一七四四年至一七四七年之間（乾隆九年至十二年）成書的《番社采風圖考》就記載：「番社前蓋茅亭一座，進則館舍三間，名曰『公廨』，土目、通事會議決斷之所。」[44]也有一說，「公廨」又名為「社寮」，平時有「通事居之，以辦差遣」。[45]這一座「庄仔內福德祠」建立在圭北屯社的舊地上，今日廟裡供奉的土地神已經被塑成人像，但是祂在過去部落時期，究竟是何方神聖？當時部落以「社」的名義作捐獻時，部落的領袖與漢人通事的互動關係又是怎樣呢？為何「公廨」最後會成為一座地方漢人祭祀的福德祠？當代的平埔族原住民也許仍隱身在漢人信徒之中，持續祭祀著原本名字被遺忘的「靈」？有待更多歷史淵源的追索。

今日士林市街一處靠近陽明山腳下的坡崁地，建有一座「芝山宮」，裡面奉祀的是一尊「番仔土地公」。據地方志記載，清代乾隆年間，福建漳州籍的楊姓家族遷居於士

一九七〇年代，北投番仔溝旁番仔厝的「福神宮」。（潘國良提供）

林的石角庄，將原先居住於此的原住民居民趕走。由於族人離開的時間過於倉促，故將原本奉祀在部族中的一顆酷似人形的石頭遺留下來。楊姓家族為了尊重這尊「番仔佛」，將此石神像置於楊家後面的一棵梨樹下，供地方上的居民朝拜，名曰「番仔土地公」。[46]一九六八年，由漢人信徒楊潘捐地、建立一座小廟，供奉這一尊神像，將這座廟命名為「芝山宮」。後續在一九九五年，「芝山宮」再度由地方上楊姓及謝姓漢人家族獻地重建為今日所見的廟祠。也許「番仔土地公」原為平埔族原住民傳統信仰物，土地公所在之地本來也可能為部落的「公廨」？

一八七九年（光緒五年）的〈化番俚言〉就有寫道，原住民在歸化之後「各庄各建祠宇一座，安設全庄祖宗牌位，每逢年節及每月初一日、十五日，眾備香燭虔心叩拜，必獲保佑人口平安、五穀豐熟，獲福無窮矣」；[47]伊能嘉矩在一九〇四年（明治三十七年）的論著中則提到：「淡水平埔蕃一部（自稱『客他加』，即凱達格蘭）的木製祖靈偶像，作為漢民古時崇拜后土（地母娘娘）後身的土地公（即福德正神），自名『番仔土地公』」、「平埔蕃自刻木為神，其狀如人，或耳目口鼻，或手足皆有，乃謂土地公也」。[48]如果把這兩筆年代僅相差二十年的資料放在一起審視，就會看到凱達格蘭原住民族人曾經將部落的「木製祖靈偶像」，視作漢人的土地神來祭祀，但因為已經歸化為清帝國的子民，所以必須改在漢人「每月初一日、十五日」祭祀土地神的時間點，來進行對部落祖靈的祭拜儀式。

今日供奉於北投番仔厝保德宮內的「平埔社土地公」就是一個歷史例證。從潘坪城耆老的口述可知：因為土地公長年穿著神明衣飾，沒有信徒敢亂動，所以原本都不曉得神尊背後刻有「平埔社」三字，直到一九九四年廟裡組團去嘉義北港朝天宮進香，迎請土地公一同前行；在神像要「過爐」時，因為不小心掉落至天公爐內，急忙取出、整理

日治時期《二萬分之一臺灣堡圖》，番仔厝附近的「社寮」與「坪埔」之地名。
（出處：《臺灣百年歷史地圖》，中央研究院人社中心 GIS 專題中心。）

神明衣飾之後，才驚訝發現神像背面的字樣。[49]雖然「平埔社土地公」的來源已經不可考，但「平埔社土地公」神像是以青斗石雕製而成。青斗石主要出產於中國大陸的福建泉州一帶，清代初期多從福建及廣東船運來臺，至少可以知道神像雕鑿於清帝國統治時期。

但是，神像上的「平埔社」字樣，是族人習得漢字之後，所雕鑿出來的嗎？如果是，代表原住民在將祖靈信仰轉化成土地公時，仍想和附近的漢人聚落進行區別，並在神像背後標注這是「部落的土地公」。但如果是清帝國因為部落已經歸化，而委請漢人的石雕師傅幫忙部落製作這一尊神

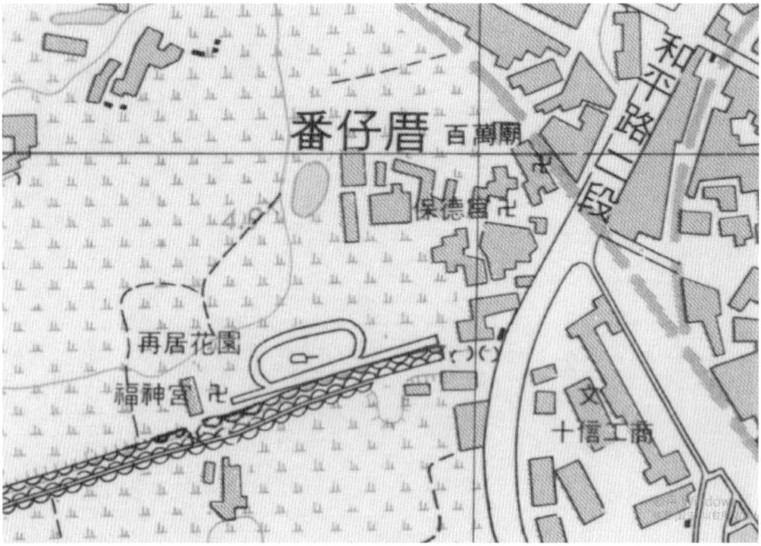

戰後發行〈一萬分之一臺北市街道圖〉內的番仔厝福神宮（出處：《臺灣百年歷史地圖》，中央研究院人社中心 GIS 專題中心。）

像，那「平埔社」也可能是漢人對「熟番」所敬拜的土地公之稱呼？不得而知。然而，不論是經由哪一種過程，族人剛開始仍會從自身的祖靈與傳統泛靈信仰，來對待這一尊石像，而不是從漢人的「福德正神」觀念來認識祂。

只不過，當傳統神靈穿上漢式的神明衣裝，就使得祂作為原住民神祇的身分，在大部分時間當中被隱藏起來。若原住民家中的長輩沒有說，晚輩也不會知曉，慢慢地就會遺忘祂和族人的歷史淵源。「平埔」就字面的意思而言，是「平地」之意；「社」是指「番社」，是對原住民部落的稱呼。番仔厝鄰近的地名「坪埔」與「社寮」，可能與「平埔社」之名有關。土地公神像背後的「平埔社」三字，或許代表它和平埔族原住民族之淵源。[50]

日治時期《二萬分之一臺灣堡圖》中的「社寮」地名，就位在北投社的舊地上，也是今日的北投捷運站附近，距離番仔厝福神宮的位置不遠，腳程只要五到十分鐘的時間。這裡是「平埔社土地公」更早之前的祭祀地嗎？又或是昔日部落「公廨」的所在地？還是「土目」與「通事」平日處理社務和收租的地方？甚至還是一處原漢交易之所？其實都很有可能。真正的情形，也許只有親自詢問土地公才能知曉了。

「平埔社土地公」原來被祭祀於下社的「福神宮」，原廟址位於番仔溝右岸。但「福神宮」在一九七三年時，因為夏季的暴雨、貴子坑溪淹大水而崩塌毀壞，神像後續被合祀於保德宮內。即使神像的來歷已經不可考，但「平埔社土地公」的信仰，起先可能和原住民族的祖靈崇拜有深層的關聯性。「平埔社土地公」似乎是原住民族人融入漢人街庄，原漢人群雙方經過一系列的協調和掙扎之後，才將原有的祖靈崇拜，漸漸轉化為漢人的土地神信仰，而且族人也清楚知道，要在漢人的街庄聚落之中生存下去，有時需要策略性地接受地方漢人群體對於「土地公」的稱呼。實際上，族人心底明確知道，「公

上：平埔社土地公背面刻有「平埔社」字樣（攝於二〇一八年）
下：平埔社土地公雕像（攝於二〇二〇年）

番仔厝福神宮的平埔社土地公，今日供奉於保德宮。（攝於二〇二〇年）

廨」僅是在外觀上改建成漢人的廟祠，這尊石刻神像裡面的「靈」，是部落及祖先留傳下來的神靈，有「祂」自己的名字，並不稱為「土地公」。無論如何，「平埔社土地公」仍然是今日人們在認識原漢界線之間的交融，以及祖靈和傳統泛靈信仰時的重要神靈。

因此，平埔族原住民以傳統社會觀念與泛靈信仰，在接納（或抗拒）外來強勢的漢人宗教信仰時，首先需要克服之處，應該不是「祖靈是否還會存在」之問題，因為在諸多漢人的地基主和土地神信仰中，都能窺見原住民的泛靈信仰傳說和痕跡，而且從「靈」的角度而言，這僅是因為時代變遷而更替或加入了不同族群對此地原住民神靈的膜拜與祭祀者，「祂」則是以超自然的形式存在及延續。因此，原漢人群雙方對於「靈」的力量之承認和相信，或許是原住民泛靈信仰能夠轉化為漢人信仰形式的主要原因之一。

我甚至會認為，淡北地區作為一處原漢人群的接觸地帶，不論是宮廟或土地神祠的出現，實際上都不是在一個時間點就可以立即被「建立」的，漢人必須在原住民部落之間不斷經歷斡旋、翻譯和溝通（甚至是說服與請託）的漫長過程。這當中原漢雙方對於彼此「靈觀」的重新理解，以及超自然的「靈力」可以為雙方帶來甚麼樣的生活幫助與益處，都囊括在各自的算計、彼此的拉扯、相互的磋商、權力的談判與來回交涉的地方事務之中，而不是經由「漢化」或「原漢合作」這種簡單的關係型態，就可以完成的事情。不過，我們也無法否認，漢人的宗教信仰往往隨著人口的增多，挾持他們期待的社會秩序、政治經濟力量，介入部落族人賴以維繫其社會關係的文化慣習和宇宙觀秩序之中，為後續的生活產生實質而深遠的影響。

這些原住民族人的「靈」，被漢人冠以土地公、地基主、萬善諸公、有應公或陰公媽之名，祂們幾乎毫無形諸文字的「歷史」，也沒有記下太多的廟誌沿革，僅留下稀薄的地方記憶和耆老口傳，卻與地方居民維繫著緊密的祭祀關係。這是在部落消失之後，世世代代的漢人居民必須要面對的土地倫理，並承接下祭祀的責任，也是漢人來到此地開墾與定居，所需要付出的補償。

如今「地基主」等祖靈或泛靈信仰的存續，以及「番仔土地公」、「番仔王爺」與「平埔社土地公」信仰的融合，意味著在昔日原漢族群的接觸點與土地界線消失之後，原住民族的「靈」並沒有因為原漢勢力的消長，而被全面移動與徹底清除，反而滲入到漢庄境界之內，整合進漢人的泛靈論與信仰體系之中，持續以不同的外在形式存活。在大屯山系周遭原有的原漢人群的地理分布上，祂們跨越了族群之間的文化、宇宙觀與地理界

淡水圭柔一帶合祀土地神、地基主與無主陰公的小祠（攝於二〇一七年）

線，形成「靈力的越界」。

二〇二二年，是關渡宮建廟的三百一十週年。這座北臺灣香火最為鼎盛的媽祖廟，每日前來朝聖、祭拜的香客絡繹不絕。然而，究竟會有誰還記得建廟之初「諸番並集」的場景？又有誰會知道這座廟宇和原住民之間的關聯？從族人的角度，又會如何看待漢人群體進入到原住民的土地從事拓墾、佔墾與定居殖民的歷史？我第一次到關渡宮，是在二〇一二年九月，剛上大學沒多久，在廟裡和媽祖娘娘求了一張平安符，只知道祈求平安，對於這座廟的歷史一概不知，更不知道當初漢人原來是從淡水河口進入、自關渡這裡開始，逐漸往北投、士林與臺北盆地方向拓墾之事。但是，這段鮮為人知的過往，必定也是慈悲的媽祖，希望所有漢人香客、信徒在入廟祭祀時，能夠知曉的故事吧。

我想，「靈」依附於土地而生，之所以會產生越界的現象，背後實際上還暗藏了一段造成信仰混血的漢人土地侵奪史——這段歷史，也是一段不斷跨越各種「邊界」的歷史。如果這段故事逐漸被人們所壓抑和遺忘，那麼漢人以墾殖為中心的歷史觀，便會侵蝕人們的記憶，彷彿淡北地區的原住民族人不曾存在，一切都只能由「定居型殖民城市」建立的神話，開始談起。

註1：筆者訪談，〈曹姓耆老口述〉，二〇一八年三月。

註2：李亦園，《臺灣土著民族的社會與文化》（臺北：聯經，一九八二年），頁三十六。

註3：中村孝志著，賴永祥譯，〈十七世紀西班牙人在臺灣的佈教〉，《臺灣史研究初集》（臺北：作者自印，一九七〇年），頁一二五。

註4：陳宗仁，《雞籠山與淡水洋：東亞海域與臺灣早期史研究（一四〇〇～一七〇〇）》（臺北：聯經，二〇〇五年），頁二二一。

註5：高育仁，《重修臺灣省通志（卷三）》（臺北：高寶，一九九三年），頁三四四。

註6：康培德，《殖民想像與地方流變：荷蘭東印度公司與臺灣原住民》（臺北：聯經，二〇一六年），頁二七八～二八〇。

註7：康培德，〈十七世紀基隆河流域、淡水地區原住民社群分類再議〉，收於葉春榮主編，《族群意識與文化認同：平埔族群與臺灣社會大型研討會論文集》（臺北：中央研究院民族學研究所，二〇〇三年），頁十～十一。

註8：康培德，《殖民想像與地方流變：荷蘭東印度公司與臺灣原住民》（臺北：聯經，二〇一六年），頁二七五～二七六。

註9：費南德茲（Pablo Fernandez）著，黃德寬譯，《天主教在臺開教記：道明會士的百年耕耘》（臺北：光啟，一九九一年），頁十六～十七。

註10：陳宗仁，〈從「馬尼拉手稿」看十六世紀的雞籠人與淡水人〉，《原住民族文獻》第三期（二〇一二年六月），頁四。

註11：陳宗仁，《雞籠山與淡水洋：東亞海域與臺灣早期史研究（一四〇〇～一七〇〇）》（臺北：聯經，二〇〇五年），頁二六五。

註12：淡水鎮誌編撰委員會，《淡水鎮誌（宗教篇）》（新北：淡水區公所，二〇一三年），頁二。

註13：林芬郁，〈唭哩岸與慈生宮歷史變遷之研究〉，《臺灣文獻》第六十一卷三期（二〇一〇年九月），頁四〇三。但歷史學者尹章義對慈生宮的興建時間，有不同看法。他認為慈生宮應晚於關渡宮建立之時間。參見尹章義，《臺灣開發史研究》（臺北：聯經，一九八九年），頁四十一～四十三。

註14：臺北縣文獻委員會，《臺北縣志》（臺北：臺北縣文獻委員會，一九六〇年），頁三一〇。

註15：伊能嘉矩，《平埔族調查旅行：伊能嘉矩〈臺灣通信〉選集》（臺北：遠流，一九九六年），頁一三一。

註16：黃叔璥著，宋澤萊譯，《番俗六考：十八世紀清帝國的臺灣原住民調查紀錄》（臺北：前衛，二〇二一年），頁一七〇～一七一。

註17：伊能嘉矩，《平埔族調查旅行：伊能嘉矩〈臺灣通信〉選集》（臺北：遠流，一九九六年），頁八十四。

註18：陳金萬，〈「北投女巫魔法節」宛如西洋萬聖節翻版，很荒謬〉，《上報》（二〇二二年九月二日），網址：https://today.line.me/tw/v2/article/XYnXlpm。

註19：連橫，《臺灣通史》（臺北：臺灣通史社，一九二〇年），頁四七九。

註20：原文如下：「冰冷者，麻裡郎吼之姻黨也。麻裡郎吼，有女字主帳金賢；賢將娶之，父以女幼弗與，告賢曰：『俟長歸汝』。賢怒，縛丈人于樹，撻之。麻裡郎吼泣愬於冰冷；冰冷故兇悍，率眾射殺賢。凡與賢善者，皆殺之。時呑霄土官個、霧等方亂，冷遣使與通。」參見鄭鵬雲、曾逢辰著，吳幅員編，《新竹縣志初稿》（臺北：臺灣銀行經濟研究室，一九五九年）。

註21：戴炎輝，《清代臺灣之鄉治》（臺北：聯經，一九七九年），頁三七四～三九一。

註22：原文如下：「余至之夜，有漁人結寮港南者，與余居遙隔一水，纍布藉枕而臥；夜半，矢從外入，穿枕上布二十八劄，幸不傷腦，猶在夢鄉，而一矢又入，遂貫其臂，同侶逐賊不獲，視其矢，則土番射鹿物也。又有社人被殺於途，皆數日間事。余草廬在無人之境，時見茂草中有番人出入，莫察所從來。」參見郁永河，《裨海紀遊》（臺北：臺灣銀行經濟研究室，一九五九年）。

註23：蔡相煇，〈臺北市關渡宮的歷史沿革與發展〉，《空大人文學報》第二十四期（二〇一五年十二月），頁五。

註24：周鍾瑄，《諸羅縣志》（臺北：臺灣銀行經濟研究室，一九六二年），頁二八六。

註25：黃富三，〈北臺首座媽祖廟關渡宮之起源與角色〉，《海峽兩岸臺灣史學術研討會論文集》（廈門：廈門大學臺灣研究中心，二〇〇五年），頁三六五～三六六。

註26：藍鼎元，《東征集》（臺北：臺灣銀行經濟研究室，一九五八年），頁二十五～二十六。

註27：尹章義，〈臺灣北部拓墾初期「通事」所扮演之角色與功能〉，收於《臺灣開發史研究》（臺北：聯經，一九八九年），頁二二一。

註28：林芬郁，〈關渡宮與北投各庄之祭典活動〉，《臺北文獻》第一七〇期（二〇〇九年十二月），頁二五三～三一八。

註29：紀榮達，〈關渡宮歷史沿革〉，收於周宗賢主編，《淡水學學術研討會：過去、現在、未來論文集》（臺北：國史館，一九九九年），頁四〇七。

註30：潘英，《臺灣平埔族史》（臺北：南天，一九九七年），頁四五二。

註31：竹圍工作室，〈竹圍有原民／淺談小八里坌〉（二〇二一年七月三十一日），網址：http://bambooculture.

com/article/4012。

註32：參見萬善同公祠管理委員會，《關渡萬善同公祠簡介》（臺北：萬善同公祠管理委員會，二〇〇七年）。

註33：陳培桂，《淡水廳志》（臺北：臺灣銀行經濟研究室，一九六三年），頁七十二。

註34：相關文資審議資料指出，今日鄰近關渡宮媽祖石附近的公墓（北投中央北路四段兩側之山坡地），應是史誌所載「嘎嘮別義塚」之一部分。參見臺北縣政府文化局文化資產課，《臺北縣淡水鎮「媽祖石」古蹟指定評鑑會議資料》（臺北：臺北縣政府文化局，二〇〇二年），頁一。

註35：淡水鎮誌編撰委員會，《淡水鎮誌（宗教篇）》（新北：淡水區公所，二〇一三年），頁十七。

註36：詹素娟、張素玢，《臺灣原住民史：平埔族篇（北）》（南投：臺灣省文獻委員會，二〇〇一年），頁一二七。

註37：陳培桂，《淡水廳志》（臺北：臺灣銀行經濟研究室，一九六三年），頁三〇六。

註38：原文為「人死以荊榛燒坎，刳尸烘之，環匍而哭。既乾，將歸以藏；有祭，則下所烘。居數世一易地，乃悉污其宮而埋於土。他夷人無此葬法也。」參見張燮，《東西洋考》，收於趙汝恬，《諸番志》（臺北：臺灣銀行經濟研究室，一九六一年）。

註39：簡炯仁，〈臺灣人拜「地基主」的由來〉，《臺灣開發與族群》（臺北：前衛，二〇〇一年），頁四二四。

註40：劉還月，《臺灣民間信仰小百科》（臺北：臺原出版社，一九九四年），頁九十二。

註41：謝宜彊、曾令毅，〈十九世紀晚期淡水地區的「圭北屯」社〉，收於《「滬尾清法戰爭多領域工作平臺：族群調查研究計畫」結案成果報告書》（新北：新北市立淡水古蹟博物館，二〇二〇年），頁六十一。

註42：參見不著撰人，《續修淡水鎮志》（臺北：淡水區公所，二〇〇六年）。

註43：謝宜彊、曾令毅，〈十九世紀晚期淡水地區的「圭北屯」社〉，收於《「滬尾清法戰爭多領域工作平臺：族群調查研究計畫」結案成果報告書》（新北：新北市立淡水古蹟博物館，二〇二〇年），頁六十一。

註44：六十七，《番社采風圖考》（臺北：臺灣銀行經濟研究室，一九六一年），頁十三。

註45：周鍾瑄，《諸羅縣志》（臺北：行政院文化建設委員會，二〇〇五年），頁二四一。

註46：簡有慶，〈最古老的土地公：芝山宮的「番仔土地公」〉（臺北：未刊行），無頁碼。

註47：伊能嘉矩著，國史館臺灣文獻館編譯，《臺灣文化志》（臺北：大家，二〇一七年），頁三六〇。必須注意，

根據歷史學者翁佳音的研究，雖然〈化番俚言〉是光緒五年（一八七九年）統領中南北三路諸軍，辦理撫番事務的吳光亮所制定，對象是「生番」，但由文獻考察，在此之前官方對平埔族的漢化措施大致也是如此。參見翁佳音，〈平埔族漢化史考略〉，《臺灣風物》第三十四卷一期（一九八四年三月），頁十八。

註48：伊能嘉矩著，溫吉譯，《臺灣番政誌（二）》（南投：臺灣省文獻委員會，一九九九年），頁五三二。

註49：陳璟民，〈真奇「廟」，番仔厝拜「王爺」〉，《自由時報電子報》（二〇〇七年七月二十四日），網址：http://news.ltn.com.tw/news/local/paper/143265。

註50：陳允芳，《北投傳統人文景點研究》（臺北：國立臺灣師範大學歷史研究所碩士論文，二〇〇三年），頁四十六。

邊界考

參

部落與漢庄的消長

今日石牌捷運站一號出口外面，立有一座十七世紀中葉清帝國官府刻鑿的原漢界碑，下方新建的水泥基座上寫著「民國八十八年六月，為彰顯前人對族群和平共處的努力及留下歷史見證，特將本界碑設置於石牌站，臺北市政府謹立」。這一座石碑，原址位於北投行義路與石牌路的交會處一帶，在日治時期的一九三五年時，被移至石牌派出所的圍牆內，再於戰後的一九九九年，移至臺北捷運淡水線的石牌站一號出口處。[1]石碑遭人不斷移置的過程，其本身作為分界的權力及效用，早已消失殆盡，漢人也已經跨越這一道界線，可以任意地移動和展示被視為過去式的歷史文物。石碑本身的命運遷徙，也反映出

今日的關渡平原（攝於二〇二〇年）

平埔族原住民的歷史遭遇。水泥基座上市政府刻寫的這一段文字就像是臺北這座「定居型殖民城市」的自我諷寓，讀來格外的譏刺。無論我怎麼想，都無法理解「前人」指的是誰？對「族群和平共處的努力」，究竟又是指甚麼樣的努力？臺北市政府已經將凱達格蘭族正式視為「市定的原住民族」嗎？說穿了，也僅是漢人定居殖民者用來粉飾太平的修辭而已。

當臺北市中心駛往淡水方向的捷運列車，從圓山站跨越基隆河，進入臺北盆地西北處的士林、石牌、北投及淡水地區，便已悄悄穿越了百餘年前曾經生活於此地的數個原住民部落之領域。那些曾經在歷

史中以漢文字的形式閃現名稱、又迅速消失在時間洪流當中的淡水社、小八里坌社、嗄嘮別社、內北投社、唭哩岸社與毛少翁社，範圍涵蓋假日時總是人潮熙攘的淡水老街、天母商圈和士林夜市，以及各國觀光客慕名前來的北投溫泉區、硫磺谷與地熱谷。這些在當代熟悉的景點名稱，早已取代了過往原住民各社的名字。如今各社族人的後裔，雖仍有為數不少散居在偌大的城市裡，不論是被遺忘、隱姓埋名，或是以「凱達格蘭族」的身分，大聲疾呼「我們還在」，只是百年前的部落早已化為塵土，不復存焉。

翻閱由漢文字記載的史料，昔日位於淡水河口北岸一帶的部落「淡水社」，在一六八五年（康熙二十四年）的《臺灣府志》中已經出現，[2]後續在《諸羅縣志》裡又稱「上淡水社」。一七二七年（雍正五年）左右繪製的《雍正臺灣輿圖》中，還可以見到淡水營西側標有「滬尾社」之名。到了一七七四年（乾隆三十九年）的《續修臺灣府志》，仍有提及「淡水社」。更往後的乾隆中期的臺灣輿圖當中，淡水地區不再見到「淡水社」之名，而是出現了「滬尾庄」，顯示漢人聚落的優勢已現，該部落約莫在一七六五年至一七八八年間消失。[3]但是，淡水社消失的確切原因，仍是一道待解的謎題。

從淡水河口望向北岸淡水社的舊地（攝於二〇一五年）

淡水河口南岸則是「八里坌社」，該社的族人原來居住於淡水河南岸的八里挖子尾、長豆溪（今日的紅水仙溪）一帶。荷蘭統治時期，由於苗栗地區道卡斯族的後壠社相當強悍，八里坌社的原住民幾乎一度被他們剿滅，只好舉族渡河離開舊地，遷居到淡水河的北岸，[4]在竹圍一帶形成「小八里坌社」。

今日的淡水市街附近，則有一處名為「北投仔」的舊地名，它和一山之隔的「北投」，也就是今日新北投的觀光溫泉區一帶，分別位處於清帝國文書裡的「外北投社」、「內北投社」之社址。過去，外北投社的範圍，大致位於淡水境內的北投仔

從關渡平原、內北投社舊地望向大屯山系一帶（攝於二〇一六年）

一帶；[5]內北投社的範圍，則是今日北投的長安、溫泉、大同、中心、林泉、清江、奇岩、八仙等地方行政區，[6]也就是在磺港溪與嗄嘮別山之間的大屯山山麓地帶。

位於基隆河中下游流域的多個部落，在每個時期應當會有不同的變化，但大體而言，內北投社與周遭部落的地理界分上，西邊和嗄嘮別社、小八里坌社（淡水的竹圍、吳仔厝一帶）相臨接，東邊以磺港溪與唭哩岸社為界線，西北以嗄嘮別山、坪頂、大屯山與外北投社（淡水的北投仔）、圭柔社（淡水的圭柔山、林子一帶）、大屯社（北投的頂青礐、下青礐與淡水的高厝坑、竹圍一帶）為界。至於現今北投、

今日流經士林、毛少翁社舊地的外雙溪（攝於二〇一九年）

淡水行政區上的界線，部分線段應當為昔時內北投社與外北投社之交界處。[7]

在內北投社的相關地契文書中，可以看到部落的土地遍及嗄嘮別、北投、頂北投、竹子湖與八仙埔等地。根據文獻記載，一八五四年（咸豐四年），北投社通事與金包里社的族人曾經簽下契約，議定二社的勢力範圍以大溪（鹿角坑溪）為界，溪北歸金包里社掌管，溪南歸北投社掌管。[8]因此，內北投社的北境，至少涵蓋了今日新北市金山、馬槽一帶的鹿角坑溪，與北海岸的金包里社為界。

「嗄嘮別社」位於今日北投的關渡、桃源、稻香、豐年等地，與西北邊竹圍一帶的「小八里坌社」相鄰。據傳嘎嘮別社族人的祖先，原先居住在淡水河南岸的八里挖仔尾一帶，[9]且可能為「小八里坌社」的分支部落，[10]一七三四年（雍正十二年）左右，嘎嘮別一帶已經設有「土番社學」，傳授及教育原住民孩童識讀漢文與中原儒家思想。一七六一年（乾隆二十六年）時，地契文書中也已出現「嘎嘮別庄」之名。[11]因為漢人拓墾此地的時間較早，致使嘎嘮別社較快經歷漢化、部落勢力也較早衰微，當時剩餘的嘎嘮別社族人，可能已經被官府整併於北投社之內，一同治理。

從十七世紀的資料觀察，毛少翁社是基隆河中、下游的大社。[12]昔日的士林地區，則是毛少翁社的領域，大約在基隆河北岸、磺溪、北投溪以東的地區，也就是在內外雙溪南北二側之間的地區。[13]社域從社子至紗帽山的西南側山麓附近，東北至丹鳳山、硫磺谷、紗帽山，與淡水、北投一帶的北投社以磺溪為界，南抵基隆河沿岸一帶的八仙埔；部落主要分布於社子、三角埔（士林天母一帶）、麻園埔、石角與芝山岩一帶。[14]

部落的社域，夾在毛少翁社與內北投社之間的唭哩岸社，約位於今日的奇岩與唭哩岸捷運站附近。一六五四年荷蘭人繪製的《淡水及其附近村社暨雞籠島略圖》裡，唭哩岸繪有一排頗具規模的屋舍，反映唭哩岸社一帶在荷蘭時期可能已有相當程度的發展，

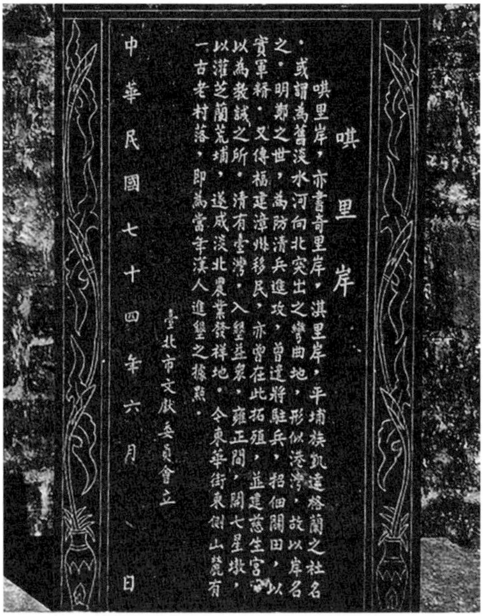

上：今日設於唭哩岸的碑記（攝於二〇二〇年）

下：一八二〇年至一八二九年間，《臺灣里堡圖》中的北投社與毛少翁社。（出處：大英圖書館）

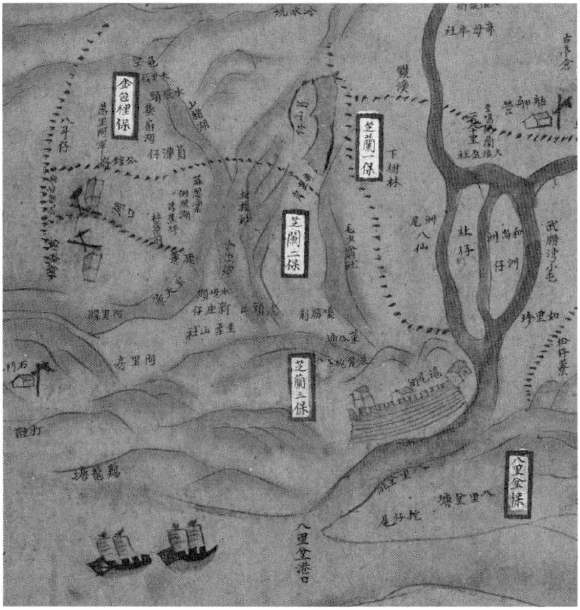

今日的奇岩捷運站附近，即為昔日內北投社一帶。（攝於二〇二三年）

顯示此地墾殖較早。[15]「唭哩岸社」一詞最早出現於一七二二年（康熙六十一年）成書的《臺海使槎錄》，[16]隨著漢人移入，約在一七一八年（康熙五十七年），該社應已被清朝政府併入北投社。到了一七四〇年（乾隆五年）的《重修福建臺灣府志》裡，「唭哩岸社」一帶已成為「唭哩岸庄」，[17]原漢之間的勢力已經有所消長。

百餘年前的淡水、北投至士林一帶，曾經有一群被清帝國和漢人群體認定為居住於「社」的原住民族人，但後來不是莫名消失在地圖與史料，就是被替換成了漢人為主的「庄」（莊）。漢文字的史料裡，鮮少會去說明「社」消失的具體原因，以及族人在這段過程中，究竟經歷了甚麼不為人知的事情。原住民族人在面對外族勢力的進逼，部落與漢庄之間界線是如何推移？地理條件和地形因素在部落面對外族人到來的過程中，又扮演著甚麼樣的角色？

原住民與外來者的遭逢

西班牙人雖然在一六二六年時，已經領有北臺灣的雞籠（基隆）一帶，卻要到一六二八年才進入淡水地區。當時因為西班牙人的進入，附近有部分的原住民舉族遷移到較內陸的關渡、北投、嗄嘮別等處。在荷蘭人的記載中，西班牙政權在北臺灣只和雞籠地區原住民的村社關係較好；西班牙人與淡水地區原住民的關係，則時常發生緊張、衝突的情形，雙方曾有過數次的戰爭。即使到了西班牙人撤離北臺灣的一六四〇年，西班牙政權對淡水地區原住民的瞭解，主要以北投與淡水的林子這兩地的原住民部落為主。[18] 根據西班牙傳教士哈辛托．艾斯奇維在一六三二年〈關於艾爾摩莎島情況的報告〉記載，北投社（Quipatao）是個大社，包括八、九個村社位於山腳下，並且蘊藏大量的硫磺礦，可以用來進行對外物資的交易，使得當地原住民較之其他部落來得富有，並擁有大片的平原土地。其中靠近山區、位於河流上游的兩個村落，因不像其他平地村落時常遭受洪

《淡水及其附近村社暨雞籠島略圖》（出處：維基共享資料庫）

水侵擾，較為興旺，約莫有兩百至三百間房舍。[19]

當時，漢人和原住民之間已有買賣硫磺的行為。[20]硫磺的開採者，主要是金包里與北投一帶的原住民，以船隻（艋舺）運出硫磺土，賣予前來收購的漢人商賈，交換花布、飾品、錢幣等物。漢人在雞籠、淡水等地收購硫磺土，加油提煉之後，再賣回到中國大陸的福建沿海。西班牙人在一六三三年之後開始進入臺北盆地，但是西班牙傳教士仍常遭原住民滅殺，導致傳教活動多次中斷。[21]

荷蘭文獻亦云「北投社（Pattauw）的兩位頭目名為Gacho與Limouan」；此社

是一個大社，也另有一社名：Massouw。[22]至少在十七世紀中葉，部落與部落之間仍存在著複雜的互動和競奪關係。哈辛托．艾斯奇維就曾記錄北投社族人與其周圍社群敵對的情況：「與北投社村落群鄰近的原住民，都是北投社族人的敵人，他們對彼此獵首。北投社也是圭柔社原住民的敵人。」[23]當時，臺北盆地的武勝灣社（新莊、板橋一帶）原住民因為沒有種米的習慣，而須向淡水的圭柔社與北投社買米，[24]顯見該時期北投社族人已有部分的土地作為耕作稻米之用。

一六四二年，荷蘭人將西班牙政權逐出北臺灣。北投社向荷蘭東印度公司輸誠，當時的唭哩岸社、毛少翁社與北投社都被劃入「淡水集會區」的管轄範圍。一六四六年三月，《熱蘭遮城日記》記載淡水河流域發生熱病，死亡率居高不下，波及全北投社，淡水醫院爆滿，一席難求。傳染病的感染與蔓延，造成原住民人口驟減。[25]而在一六四四年左右，東印度公司當局允許漢人前來淡水、雞籠居住，主要居住在淡水的「漢人住區」當中（淡水油車口一帶），進而在一六四六年九月同意漢人在淡水一帶從事耕作。此時僅有少數的漢人商賈（又稱「贌商」或「社商」），因從事貿易而進入北投地區，並無長期定居之情形。

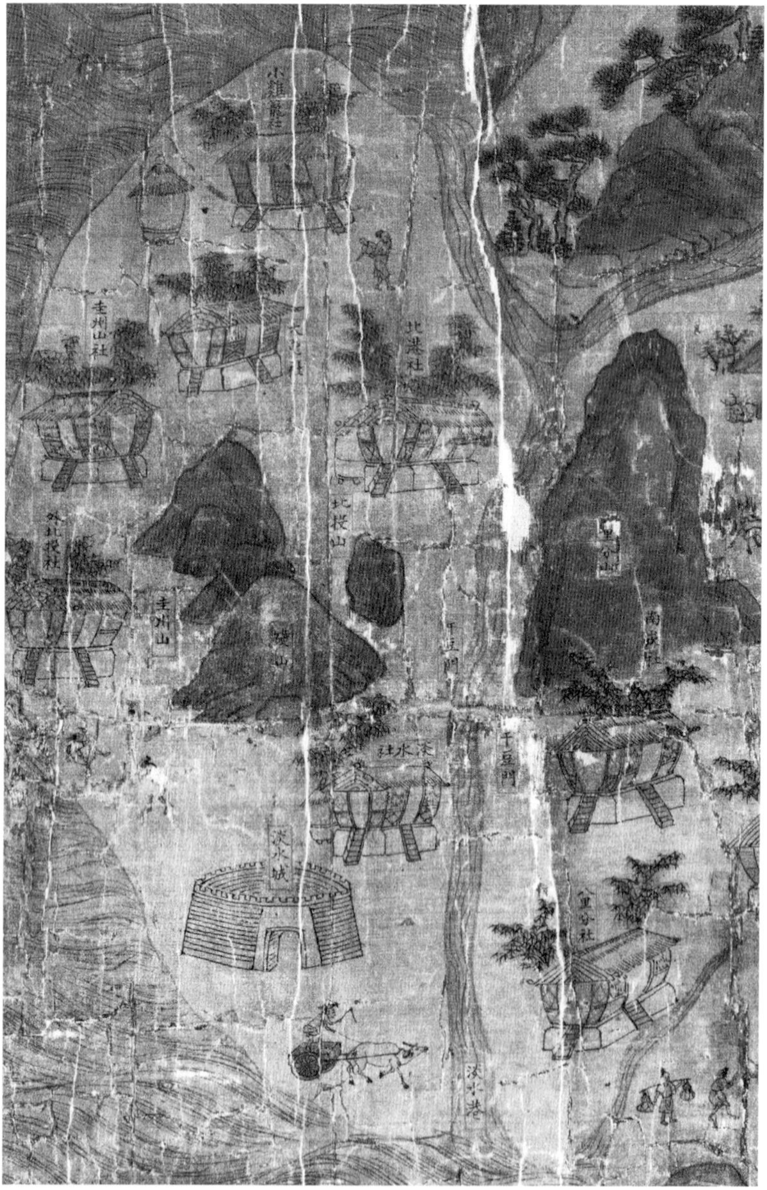

《臺灣地里圖》中的淡水社、干豆門（關渡）與北投山，一六八四年以後繪製。
（出處：美國國會圖書館地理地圖部）

在漢人與部落的人口數方面，《臺灣日記》在一六四八年六月條目中記載，位於淡水的「漢人住區」僅有七十八名漢人。從一六五〇年的戶口表來看，大屯社有三十九戶，一百五十一人；北投社有三十八戶，一百五十人；毛少翁社有一百戶，四百零一人；圭柔社有四十戶，一百六十人。[26]可見當時北投、士林及其周遭的部落，人口數至少都是百人以上的大社，勢力遠勝於漢人。尤其毛少翁社的人口規模為當時基隆河流域的部落之最，[27]在《淡水及其附近村社暨雞籠島略圖》中，基隆河畔可見兩排具規模的房舍，顯示部落勢力相當強盛。

在一六五六年左右，淡水地區的原住民發動對荷蘭人的反抗行動，戰火蔓延至淡水河口沿岸數個部落。一六五七年一月，北投一帶原住民也出兵攻擊荷蘭所屬的安東尼城（今日淡水紅毛城附近），「漢人住區」亦遭受到淡水、北投地區原住民族人的燒殺，造成荷蘭東印度公司的嚴重損失。[28]

此一時期，除了靠近淡水河口的圭柔、淡水等地的部落，受到荷蘭與西班牙政權的外來干擾之外，位居臺北盆地內陸的毛少翁社，相對較無受到外來衝擊與征戰的影響。在經濟交流方面，東印度公司以「贌社制」向各個部落收取社餉等稅目，並將各社的貿易權標售給漢人商賈包辦。[29]當時荷蘭人規定漢人商賈必須先經過投標，並繳納承包貿易權的稅金，才能與原住民部落通商交易，所以荷蘭人並不直接與部落進行經濟活動，而是透過從事與部落貿易的漢人，作為物資交易的仲介商。因為當地的漢人多居住在淡水，以至於士林、北投地區，原漢人群雙方之間的接觸並不深。

社域界線推移下的原漢關係

十七世紀初，已經有少數漢人抵達北投地區採集硫礦，但北投一帶到了明鄭時期（一六六一年至一六八三年），仍無太多漢人作長久性的移住。[30]一六八四年（康熙二十三年）清帝國將臺灣納入版圖之時，士林地區尚無漢人街庄，只有毛少翁社。[31]至於北投地區最早的漢人入墾紀錄，是在一六八五年到一六八六年間（康熙二十四年至二十五年），有墾戶林永躍、王錫祺等人渡臺，在關渡、嗄嘮別及唭哩岸一帶拓墾。《淡水廳志》裡可以見到「淡水開墾，自奇里岸始」之紀錄，[32]但後來林永躍因為拓墾資金不足，只好攜家帶眷回到中國大陸原鄉，土地權利再次回到北投社族人的手中，[33]並未形成漢人的村莊。因此，一六九七年（康熙三十六年）清帝國官員郁永河前來北投一帶大磺嘴（今硫磺谷與龍鳳谷）開採硫磺時，當地依舊散居著原住民部落，少見漢人的身影。[34]

《康熙臺灣輿圖》中的毛少翁與內北投社，一六九九年至一七〇四年間繪製。
（攝於國立臺灣博物館《夢幻古圖：康熙臺灣輿圖總動員》特展）

在一六九九年至一七〇四年間（康熙三十八年至四十三年）繪製的《康熙臺灣輿圖》中，大屯山系南側也有「內北投社」與「蔴少翁社」的註記。此時漢人想要拓墾土地，仍然需要透過原住民與漢人的中介者「通事」居間處理，才得以順利進行。初墾時期多為漢人通事扮演此種仲介角色，也時而產生糾紛：一六九九年五月，北投一帶便發生部落領袖冰冷「率眾射殺主賬金賢，及與賢善者，盡殺之」的事件，[35]同年七月「把總遣他社番，誘以貨物交易，伏壯士水次縛之」，冰冷被逮捕後，遭處決而亡。

從清帝國官府的角度，漢人來到臺灣

的平原地帶想要從事農地開墾，若認定是沒有原住民活動的地域，漢人欲取得土地開墾權，就必須向官府申請墾照（類似於墾殖許可證），主要是由漢人的「墾首」（也稱「墾戶」）取得合法墾照之後，招募其他漢人前來拓墾荒埔。漢人墾戶向官府申請拓墾的土地面積通常很大，多數會將土地劃成多個部分，再招徠佃戶開墾。佃戶向墾戶繳納的土地租金稱為「漢大租」，漢人墾首因為能夠收取大租，也稱為「大租戶」。土地墾成，向官府納正供（繳稅）以後，墾首就能取得土地的所有權，而稱為「漢業主」（又稱漢業戶）。[36]相對地，如果漢人想要開墾原住民的鹿場，必須獲得原住民的同意，才能承墾土地。漢人取得原住民的土地開墾權利後，那麼原住民便是「大租戶」，因為族人本身就擁有土地的所有權，所以也是「番業主」（又稱番業戶），承墾土地的漢人則是「小租戶」，原住民所獲得的土地租金則稱為「番大租」。[37]

> 我是嘎嘮別這裡出生的，以前嘎嘮別這裡有很多的田地。小時候曾經聽祖父講過，有北投的「番仔」時間一到會來我們這裡收田租。「番仔」就是以前的大地主，都是騎馬來的。[38]

從淡水河口望向關渡一景（攝於二〇一四年）

地方耆老口中的「番仔」一詞，雖是對原住民族人的蔑稱，卻是用來指稱過去向家族長輩收取田租的平埔族原住民。縱使原住民是「番業主」，但漢人可能在承租土地的那一刻，就已經開始盤算要如何取得實際的土地權利，甚至思考著要如何才能擺脫這個土地制度的規範，找尋著這套制度的縫隙和盲點，計畫如何用這片土地來換取更多的利潤。

一七〇九年（康熙四十八年），隨著「陳賴章」墾號的成立，以及「陳國起」、「戴天樞」兩家墾戶的出現，漢人開始大規模進入臺北盆地開墾。三個墾戶請墾的範圍共有三處：大佳臘（臺北大龍峒至萬華一帶）、淡水港及毛少翁社附近的東勢一帶（士林石角、芝山岩一帶），但不包含北投社與毛少翁社的社域。有研究者認為，當時「蔴少翁、內北投，隔干豆門巨港，依山阻海……地險固，數以睚眥殺漢人，因而蠢動；官軍至則竄。淡水以北諸番，此最難治」，[39]加上「蔴少翁、內北投諸番壯猛」，[40]由於部落勢力強盛，造成「陳賴章」墾號沒有開墾北投地區。

「戴天樞」向清帝國官府請墾毛少翁社附近一帶的「荒埔」時，開墾範圍東至大山（今士林天母的紗帽山麓一帶），西至港（南磺溪匯入基隆河之處），南至大浪泵溝（舊稱番仔溝），北至毛少翁溪（今稱南磺溪），[41]正是位於毛少翁社與北投社交界的南磺溪流域，以及大浪泵社與毛少翁社交界的水道，似乎刻意避開了北投社、毛少翁社的部落主要居住地，沿著部落邊界的荒埔地（可能也是易於引水灌溉之處）呈現帶狀的開闢，間接反映了漢人初墾時期與當地部落之間的勢力狀態。「陳國起」的墾殖地區，則是關渡至淡水河口附近的荒埔，範圍「東至干豆口（關渡），西至長頸溪南，南至山，北至滬尾（淡水）」，[42]也未包含北投地區，僅涵蓋淡水社附近一帶的土地。推測淡水河口附近的原住民與漢人的接觸時間較早，因此選擇此地墾殖。

《雍正臺灣輿圖》中的滬尾社、毛少翁社、奇里岸與內北投一帶，一七二三年至一七二七年繪製。（攝於國立臺灣博物館《樸埔風情——躍動的先民身影》特展）

不過，北投地區到了一七一二年（康熙五十一年）大雞籠社的「通事」賴科，在干豆門建天妃廟（今關渡宮）時，情況已有所轉變，據當時的記載「落成之日，諸番雲集」，顯示可能已有原住民介入參與漢人的事務，也因為當時已經有一些漢人入墾，才會有立廟之事。通事為當時負責地方官府與原住民之間進行溝通事務的人員，因此熟稔淡北地區原住民事務的賴科，於隔年的一七一三年（康熙五十二年）與鄭珍、王謨、朱焜侯合作，以「陳和議」為墾號名，向官府取得墾照，正式請墾北投一帶，[43] 開啟漢人入墾北投的時代。

今日的關渡宮一景（攝於二〇一九年）

關渡一帶之所以興起，除了是淡水河流域重要的停泊港口之外，也是原漢人群交易的重要據點，以及通往臺北盆地內陸「番地」的必經之路。作為一處原漢人群的接觸點，《諸羅縣志》內繪製的《山川總圖》，描繪了「靈山宮」（今關渡宮）在淡水河畔有眾船停泊：「淡水港，海口水程十里至干豆門，內有大澳……澳內可泊大船數百，商船到此載五穀、鹿脯、貨物。」[44]其中的「鹿脯」，應當就是當地原住民帶來與漢人交易物品中的土產。因此，從發展時間來看，關渡應該是臺北盆地最早形成的漢人村莊。[45]在士林方面，一七一七年（康熙五十六年），已有漳州籍漢人在雙溪一帶向毛少翁社族人租地開

從關渡臺北藝術大學望向嘎嘮別與北投一帶（攝於二〇二三年）

墾。[46]一七二〇年（康熙五十九年）也有鄭維謙等人從唭哩岸一帶入墾，[47]逐漸出現移入漢人漸多的事態，顯示唭哩岸一帶可能是繼關渡後，相當早就興起的漢人聚落。

北投地區在清代乾隆年間初期，僅有一些零星的開墾紀錄。例如，一七三六年（乾隆元年）左右，福建省安溪縣大平地方高姓、張姓與林姓等漢人家族，陸續渡海來臺北發展，最早之開墾地，可能是向潘姓原住民族人承購今坪頂（北投、淡水之交界處）、北投與嘎嘮別一帶土地，開墾定居，[48]並於一七三七年（乾隆二年）時，已經將士林東勢一帶開墾成八芝連庄。到了一七四〇年（乾隆五年），除了已有的

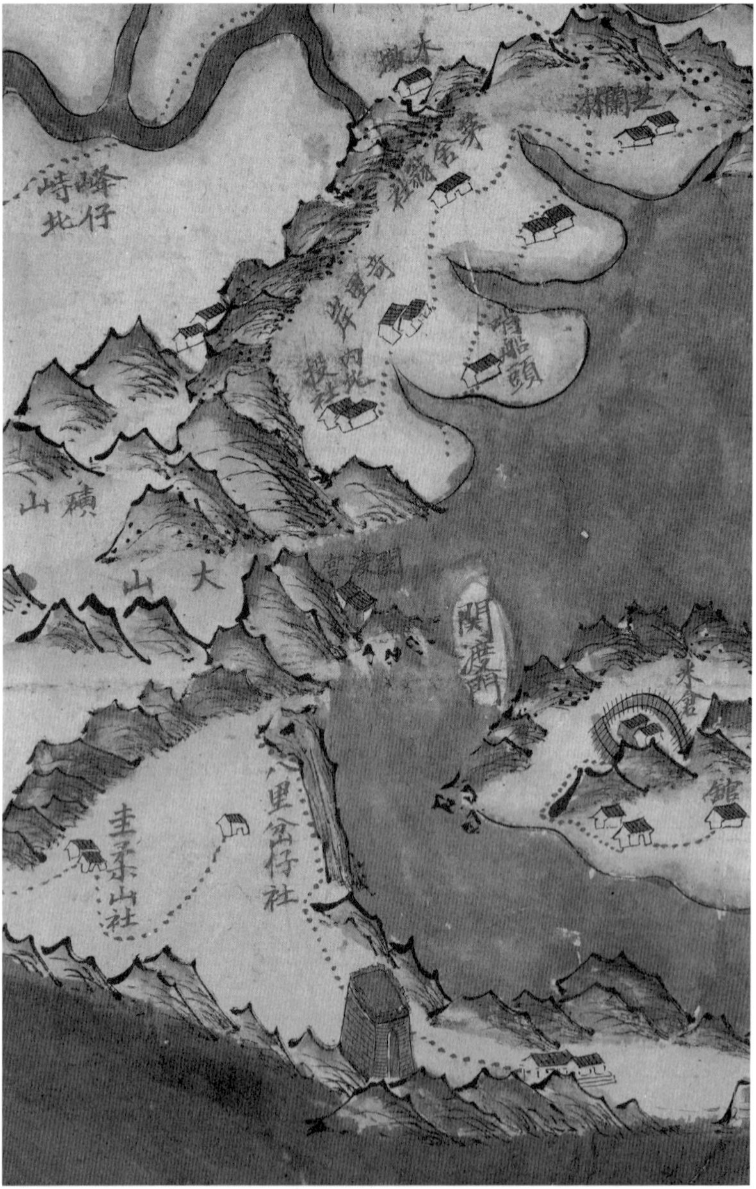

《臺灣府汛塘圖》中的關渡、關渡宮、內北投社與唭哩岸一帶，一七三五年至一七五九年間繪製。（出處：大英圖書館）

闢渡庄之外，後來相繼出現北投庄、唭哩岸庄、瓦笠庄等漢人聚落。[49]同樣在乾隆初年，尚有來自福建漳州的魏姓、賴姓、謝姓家族，進入石牌一帶開墾。此時的田莊方興、聚落初成，規模仍小。

據地方上的傳述，當時的漢人和原住民土地的劃分以石頭為界，但是漢人經常趁著晚上搬動劃界的石頭，擴大土地面積，雙方時常興起爭端。因此，在一七四五年到一七四八年間（乾隆十年到十三年），淡水廳官員曾日瑛為了防止漢人與原住民之間的土地爭端和衝突，於是在石牌庄及磺溪庄附近、漢人與原住民的交界處（當時的唭哩岸、三角埔及南磺溪一帶），勒石為界址，規定漢人及原住民均不得越界滋事。曾日瑛所勒的界址碑，其文字為「奉憲分府曾批斷東南勢田園歸番管業界」，當年在士林、北投地區總共刻石設立五塊原漢界碑，杜絕土地紛爭。[50]至於官方在士林地區的三角埔一帶設立原漢分界碑，可能和一七四六年（乾隆十一年）的大地震，造成毛少翁社在社仔（今日的社子島）一帶的土地陷沒、家屋毀壞、舉族迫遷至三角埔居住有關。此一界碑，極可能是作為磺溪庄與遷至紗帽山麓、三角埔一帶毛少翁社的地界。

接著在一七五二年（乾隆十七年），漢人陳懷家族向蕭春、蕭來與蕭純等原住民族人購得關渡一帶田埔，[51]之後再陸續添購幾筆土地，範圍遍及現今之北投至新北投捷運站、北投國小、王家廟（今唭哩岸鎮安宮）與海風厝一帶（今石牌的振興醫院附近），陳懷也娶本地的原住民女子林薏娘為妻，[52]並向嗄嘮別社族人購買土地、開鑿大埤與灌溉田園，定居於嗄嘮別一帶。一七五五年（乾隆二十年）漢人陳江家族來臺，在北投開設「陳伯記」雜貨店為業，後與平埔族人交易與買賣土地。當時漢人與平埔族進行交易，甚至雙方通婚之事，應該仍有尚未被挖掘的家族案例，雖然就人口比例來說可能偏低。我便曾經訪問到一位住在北投的張姓耆老，講述祖先入贅到平埔族家中的往事：

> 以前的「番仔」就是平埔族，我的祖先來到臺灣，就在小坪頂（今日淡水與大屯山麓一帶）那裡開發。因為很窮、沒有土地，又找不到老婆，所以就入贅到「番仔」家裡——他們女的來娶我們男生，很丟臉。因為我們是姓張的，所以有一個祖先被人家叫「張番」。[53]

這種原漢通婚的情況，應該在十八世紀中葉之後就逐漸減少。因為〈渡臺禁令〉在乾隆年間已漸漸流於形式，隨著漢人偷渡來臺者日多，拓墾者大量湧入，加速了漢人建

紗帽山一景（攝於二〇二〇年）

立自身社會秩序的時間進程。同時在人口數激增及糧食生產需求的提高下，埤圳水利工程大興，漢人聚落逐年增加，各地的街庄規模也有所擴展。在一七五八年（乾隆二十三年），嗄嘮別社族人捐地獻設「嗄嘮別義塚」一事，就顯示出原住民族人和漢人之間已經有明顯的互動。[54]同年，清帝國下令「熟番」歸化，學習漢人風俗；一七五九年（乾隆二十四年），又命歸化的原住民改為漢姓。此時，淡北地區的原住民族人，已經開始冠上林姓、陳姓、潘姓和翁姓等漢人姓氏。

到了一七六〇年（乾隆二十五年）的《續修臺灣府志》記載：北投社、毛少翁社與唭哩岸社都設有「番社倉」，[55]存放當地種植的糧穀，表示當時北投、唭哩岸至士林一帶的土地已經有所開墾，部落也已經與漢人村莊並存，甚至有一些漢人進入到大屯山南麓的山邊開墾。同年，由清帝國官員楊廷璋劃定分隔原漢人群的土牛界線，[56]隔年便開始大規模修建土牛溝，南起下苦溪（今屏東士文溪），北迄三貂社（今新北三貂嶺一帶）。但是，淡水、北投與士林一帶的部落，都被劃在這條土牛界線之內，沒有達到阻絕漢人的效果。約在一七六五年（乾隆三十年）左右，北投下社一帶（番仔厝）已有漢人於此耕作。[57]一七六七年（乾隆三十二年）清帝國設置「理番同知」機構，專門管理「熟番」相

今日基隆河與磺溪的交會處（攝於二〇二一年）

關事務，分為南、北二路，北投地區的原住民則歸屬「北路理番分府」管轄。

一七七一年（乾隆三十六年）在北投的十八份一帶，又有陳姓、吳姓漢人家族向北投社承租土地開墾；[58] 中埔一帶（北投泉源一帶）也有漢人吳元開、吳元回、吳便、顏朴等人向北投社族人承墾之埔地。一七七二年（乾隆三十七年）已有漢人來湖底開墾（北投湖山一帶）。一七八二年（乾隆四十七年）漢人陳茂伯向北投社族人已卯好禮等人，購買粗坑一帶（今北投大屯國小附近）之地耕墾。此時，大屯山系南側的山坡地，已出現零星漢人的墾地。今日北投十八份聚落的陳志成耆老，也曾講述陳氏祖先向原住民訂約、租地的墾殖記憶：

> 十八份的水圳，就是我們陳氏的祖先陳元貴修鑿的。那個時候就是跟平埔族租地，每年都要跟平埔族人訂約，要繳「番大租」。陳元貴來了以後，因為要開墾，要養活這麼多的人口一定要種稻，要種稻一定要灌溉。[59]

除了十八份的水圳，一七二三年至一七九五年之間（雍正到乾隆年間），七星墩圳、八仙圳與唭哩岸圳等大型水利設施，陸續被漢人開鑿出來，漢人也逐步將「荒埔」轉換為水田。當時北投社族人的生活主要以漁獵和狩獵為主，耕作的土地面積相對較少，但部落附近水利設施的開鑿，顯示北投社的部分土地利用方式已經轉變，昔日鹿場的生態環境已不復見。

一七八八年（乾隆五十三年），臺灣西部平原發生抗清規模甚大的「林爽文事件」。清帝國在平定亂事之後，督辦軍務的將軍福康安以平埔族「熟番」隨同官兵出力、打仗有功，而建議設置「番屯制」：從各個部落內挑選壯丁，分配族人至帝國邊區尚未開墾的荒埔地，表面上讓其在邊防之地耕居，實際上卻利用部落壯丁來戍守帝國邊區。當時淡水廳轄下的地區，經過官府丈量且未開墾的荒埔地，約有一千八百九十二甲，其中一部分配撥給北臺灣的「武勝灣小屯」。[60]總共有十九個番社、三百名的原住民族人被分配

八仙埔一帶的基隆河與北側的大屯山系（攝於二〇二三年）

到土地，北投社計有二十二人，毛少翁社則有四人。北投社與毛少翁社、大雞籠社、金包里社、三貂社等共有的荒埔地，大多集中在基隆河中上游流域的汐止、七堵至基隆一帶——雖說是前述諸社共有的荒埔地，不過距離北投社與毛少翁社較遠。我們並不清楚，族人是否真的有依循這一項安排，開始遠距離往返於部落與荒埔之間從事墾闢工作，但同一時間，他們確實肩負著看守山上硫磺礦坑的沉重勞役。

林爽文事件期間，傳出當時有漢人盜採硫磺、私製火藥的事情，[61]從清帝國的角度來看，硫磺是製作火藥的基本材料，涉及軍事、防衛與治安，而成為官府極力防範禁製的物品。[62]為了防止類似的事件再次重演，在一七九〇年（乾隆五十一年）之後，官府便下令嚴格禁止漢人私自開採硫磺礦，並派遣毛少翁社、北投社的族人，必須在春夏秋冬四季，每一季都要前往礦區實地巡查，並仔細看守大屯山周遭的硫磺礦坑，以杜絕漢人私採。當時的硫磺只是原住民族人與漢人間的交易物品，對族人的生活影響不大，更不是部落主要的經濟來源。[63]但是，守硫工作必定會對族人造成勞動負擔，使部落原居地的固有人力與社會生產力被削弱，進而衍生出不利於部落存續的影響。

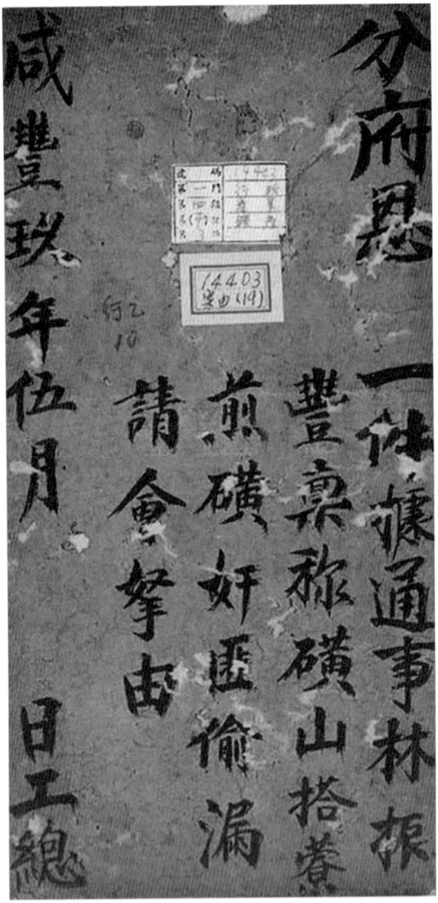

分府恩 一件據通事林振
豐稟稱礦山搭蓋
煎磺奸匪偷漏
請會拏由
咸豐玖年伍月 日工總

毛少翁社通事林振豐稟稱，礦山中有漢人私採硫磺之文書。（攝於臺灣原住民族圖書資訊中心）

《乾隆臺灣輿圖》中的內北投社、奇里岸庄與八仙埔庄，一七五六年至一七五九年間繪製。（攝於國立故宮博物院《說古地圖》特展）

過去還未發生漢人恣意盜採硫磺的事件時，族人們可以依照部落自己的生計需求，進行適量的採掘，拿去與外地商人交換其他物資，或是僅在特定的祭典儀式時使用。因為硫磺礦坑直接由部落控制，所以還能維持低度利用的方式，永續經營這一項珍貴的自然資源，沒有大面積的開鑿和挖掘。但是，清帝國毫無和當地部落協商「資源共管」及「共享」的觀念，在開始全權掌管硫磺的使用權之後，原住民反而被指派進行守硫的勞役工作，僅能賺取微薄薪資，還要替清帝國在第一線阻擋漢人的盜採，既喪失了硫磺礦坑一帶的領域主權，也被迫成為帝國最底層的勞動者。

尤其在十八世紀中葉至十九世紀初，漢人私採硫磺的行為逐漸難以禁止，盜採、走私與偷賣的情況日益猖獗。北投社與毛少翁社擔任守硫工作的族人，其勞役負擔日漸沉重，經年累月之下也影響到部落內部的生計和庶務。例如，一八五五年（咸豐五年）毛少翁社「通事」林再春與翁三江、洪文意和戚賜等族人，向官府稟報守硫的部落屯丁，於冬瓜湖山（大油坑）守磺時，頻頻發生遭到漢人威脅、毆打之情形，對族人「百般酷勒」與「酷禁」，[64]施以酷刑且監禁虐待。一八五九年（咸豐九年）的冬瓜湖山一帶，甚至出現漢人「奸徒糾黨數百猛，搭寮數十間，日夜挖煎透漏」的情況，[65]毛少翁社「通事」林振豐又再稟報「番丁在冬瓜湖山巡觸棍惡強掘磺灰」的受欺詳情，[66]並表達「冬瓜湖山離社番有二十餘里之遠……弱番難敵棍惡之橫」。[67]顯見毛少翁社族人在守硫工作上遭遇到漢人惡棍欺壓、毆打與盜採硫礦的困境，即便連年告知官府，也無法嚇阻。

在漢人的土地開墾進程方面，因為清治前期傳有以硫磺私製火藥，清帝國官府乃下令封礦，將北投一帶近山列為禁地，從一七八六年開始禁採硫礦，到一八八六年（光緒十二年）才復由官方開辦採硫事業。雖說這百年之間，歷經幾次短暫的解除禁令，漢人私自入山開採的情況依舊頻仍。然而，相較臺北盆地其他地區，一八〇〇年代之前漢人

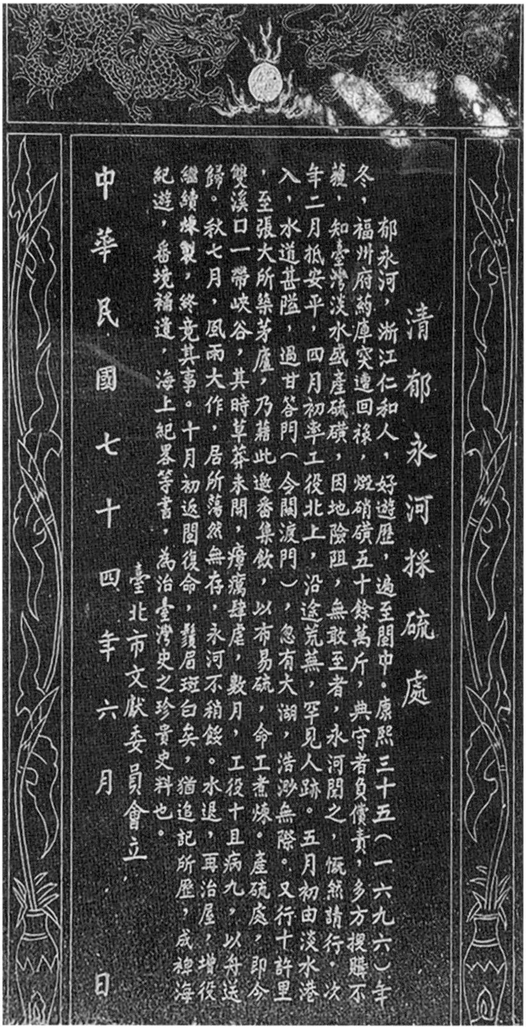

今日設於北投硫礦谷的碑記（攝於二〇二〇年）

在北投及鄰近的山麓地帶開闢活動仍幾近停滯，所見漢人聚落僅有唭哩岸庄、嗄嘮別庄、北投庄等村莊。[68]部落族人也許有一套應對清帝國土地開墾制度的辦法，在漢人移墾之初產生有效的策略，要到一八二一年（道光元年）以後，才逐漸發生北投社族人將土地所有權讓出，導致部落土地流失加劇的情形。

到了一八七一年（同治十年）左右，淡水、北投和士林地區已經有「芝蘭街、毛少翁社、唭哩岸庄、北投社、嗄嘮別庄、雞北屯社（圭北屯社）、雞柔山店庄、大屯社」，[69] 再次出現部落、漢庄交錯雜處的記載，且其中僅剩大屯社、北投社、毛少翁社與圭北屯社仍以社為名，其餘部落的社名都已經消失。這時在原漢人群之間的互動上，部落與漢庄仍可能存在領域上的界線。但是，從「熟番」歸化政令、守硫工作、屯番制、漢人建庄、墾田鑿圳、鹿場消失的情況來看，部落的勢力可能大為消退，也漸漸受到漢文化的滲透。

歷史地理學者林芬郁曾訪問到一位余振瑞耆老，從家族留下的口述記憶，講述自己祖先和唭哩岸一帶原住民之間的互動過程：

聽祖先說剛來唭哩岸開發時，番人只會抓魚、兔子，祖先來此就與番人簽約開墾、繳納「番大租」。中國大陸來的生意人，以「番仔火」（即火柴）便宜貨幾十盒、布或日用品與平埔族人交換土地。失去土地後，番人又想向開墾者拿租。我的祖先想以稻穀向番人換土地，但倉庫失火，全部燒光，只好向土地所有權人租來種田，開墾者反成佃農。番人雖失去土地卻又向我們拿地租，我們漢人人數較多把番人打走，但

從唭哩岸山望向石牌、天母與士林一帶（攝於二〇二二年）

> 過一陣子番人又來想殺、搶他們土地的漢人。因漢人有武器，番人只好逃至三峽或山邊。[70]

在耆老的口述裡，土地的爭奪過程中，原住民並不是完全無抵抗能力的弱勢者。不管是原漢雙方透過物資的交易和買賣，或是漢人佃農向原住民地主進行土地的承租，乃至於雙方爆發爭執和流血衝突，都鮮明地出現在地方漢人家族的記憶裡。清帝國統治時期，北投和唭哩岸地區的原漢人群分布情形，大致上以水磨坑溪為界，溪河以東為漢人居處，以西則為北投社族人的居住地。水磨坑溪以西，從溪源頭至溪尾皆為部落所在地，分別為「頂社」、「中社」、「下社」。[71]北投嗄嘮別一帶，今日還有「頭城」、「二城」的舊地名，「二城」是繼西南側的「頭城」之後所命名的序列性地名。若從字義上「第一座與第二座防禦型村落」之意來看，此地是漢人從關渡一帶建立聚落之後，向東邊部落推進墾地的第一、第二座防禦型聚落，顯示當時候族群之間的界線仍然明顯。

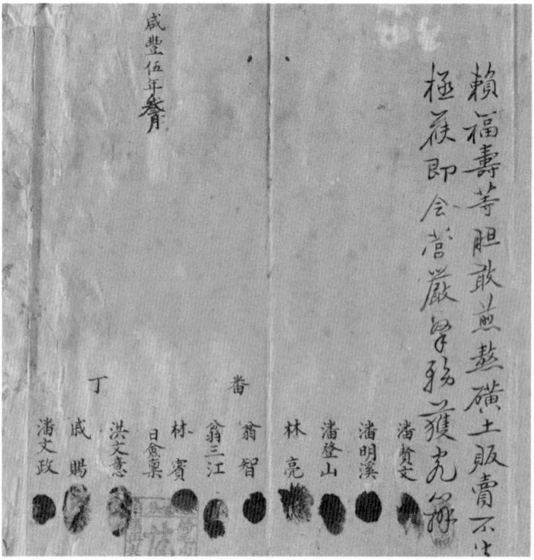

一八五五年（咸豐五年），毛少翁社通事林再春與族人指控漢人盜採硫磺之文書。（攝於臺灣原住民族圖書資訊中心）

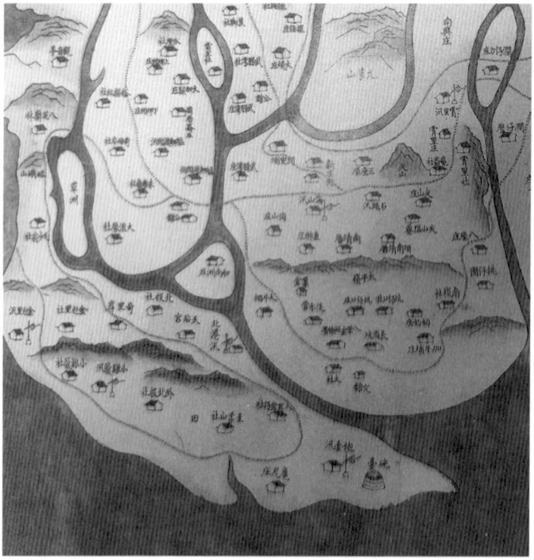

《十八世紀末御製臺灣原漢界址圖》中，漢庄與部落交錯分布的情況。（攝於臺灣原住民族圖書資訊中心）

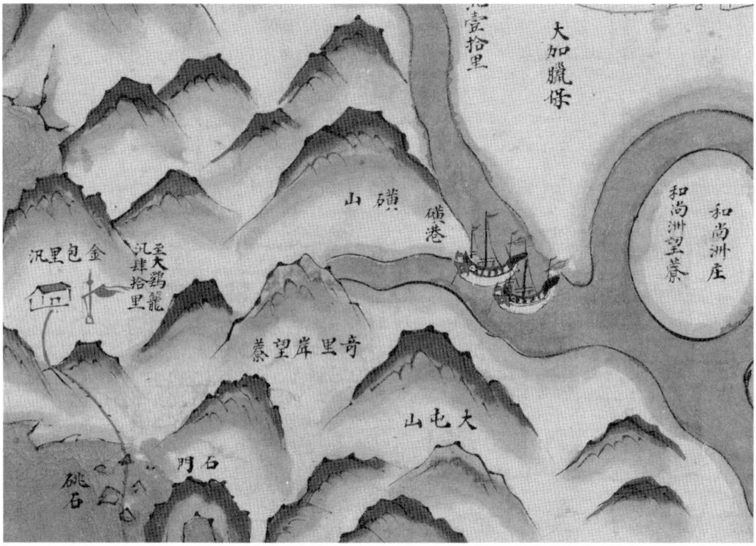

一七七五年至一七八六年間，《臺灣汛塘望寮圖》中的磺山、磺港，以及守硫的「奇里岸望寮」。（出處：大英圖書館）

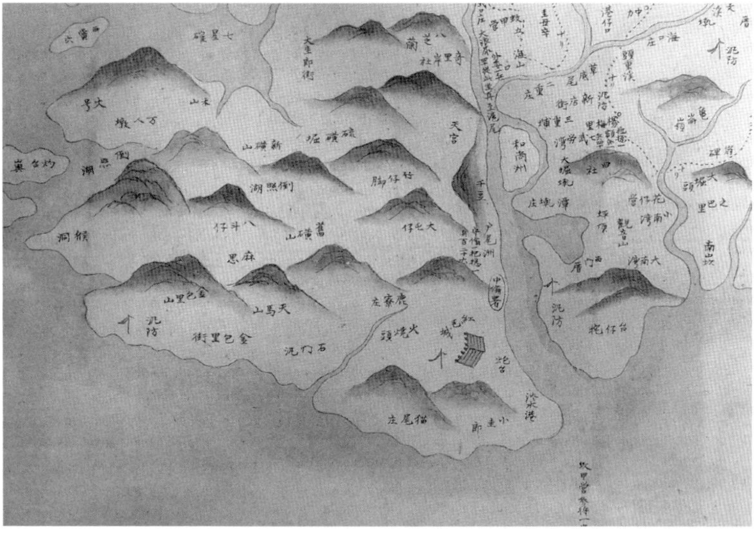

一八七三年《臺灣清國屬地圖》的奇里岸社、干豆至淡水港一帶（攝於臺灣原住民族圖書資訊中心）

若水磨坑溪以西的嗄嘮別一帶逐漸形成漢人聚落，那麼從關渡至北投、唭哩岸、石牌、士林一帶，漢人並不是全然由西向東拓墾，而是從基隆河沿岸各地點分別開墾之後逐漸形成一個個的聚落，確實呈現部落與漢人聚落交錯的情況。根據一八四一年（道光二十一年）清帝國官員曹謹編查戶口的紀錄，北投地區的六庄人口，計有七千九百八十個丁口。若比照昔日荷蘭時期北投社的戶口數（一百至兩百人之間），漢人的人數可能已經超過平埔族原住民之人數。這時期北投社的頂社、中社、下社三處部落，也漸漸被北投庄的漢人聚落所包圍。

不只如此，北投地區原住民的土地也在陸續流失，從現存的地契文書裡也可以看到，北投社族人畝倫從一七五七年（乾隆二十二年）取得「番業主」的身分，當時仍掌握北投地區的大片土地，但到了一八四二年（道光二十二年）以後，畝倫之孫金仲春、金仲興與金仲壽等人的經濟能力已經出現問題，[72]期間被迫不斷向漢人租賃土地、借款來換取生活資金，最後不得已賣掉多數祖傳的土地、喪失大部分土地所有權。但是，原住民為何會一直失去土地呢？地方漢人耆老對於這段歷史，有很深刻的傳述：

> 原住民是住在北投，早期他們每年要來十八分這裡收租，都要寫一張紙。給他們的紙，我們都用墨汁混著鹽水來寫，自己留下來那張卻沒有加鹽水，過了幾個多月之後，他們那張紙就壞掉了，之後就不用再給他們租金。如果他們硬要收租，就叫他們把先前的紙拿出來做憑證。由於他們的紙都壞了，拿不出紙就無憑無據，這樣他們就拿我們沒辦法。[73]

在漢人耆老的記憶裡，有一套用計欺騙原住民，迫使族人最終失去土地的惡劣方法。不禁讓人猜想，當時的漢人為了謀奪原住民的土地，想出了多少種拐騙的手法？這是否僅是當時無數拐騙伎倆之中的其中一種？在漢人向原住民承租土地的過程中，這種事情可能會有多普遍？如果這一類的民間記憶是家族「經驗」和「智慧」的積累，有其真實性的話，那麼淡北地帶的漢人墾殖史，也是一段不正義的原民血淚史。如果並不真實，而是一種夾雜著虛構性話語的陳述，那麼仍舊反映了漢人認為原住民愚昧、易於受欺弄的刻板化印象。

回顧十八世紀初至十九世紀末，部落與漢庄勢力的消長，確實呈現出明顯地此消彼長的情形。若參照文獻資料，一七一七年的《諸羅縣志》記載，基隆河與淡水河流域共有番社八個，漢庄數量為零；一七四一年的《臺灣府志》裡，番社十七個，漢庄已有十一個；到了一七六〇年余文儀修編的《臺灣府志》中，番社減少為九個，漢庄則增加至二十九處。這樣的變化，導因於漢人日漸增多，部分族人遷移至他處，致使番社消失，抑或由於番社所在地的漢人增加，「社」直接被改成「庄」所造成。到了一八七〇年的《淡水廳志》，番社再減少到六個，漢庄則激增到五十個。[74]一八七五年（光緒元年）清帝國裁撤「淡水廳」，並增設「臺北府」之時，行政區轄下範圍內已經出現北投、嗄嘮別、山腳、頂北投、石牌唭哩岸、石牌山腳、紗帽坑、磺溪等庄。顯見在十九世紀後半葉，北投和士林一帶已經漢庄林立，嗄嘮別社也轉變為嗄嘮別庄。

雖然漢人的聚落和村莊紛紛形成、規模漸大，但十九世紀時的北投社與毛少翁社仍為當地「番業主」。只要有繳納「番大租」，作為「小租戶」的漢人佃戶若是握有土地的「小租權」，就擁有絕對的土地使用權。因此，在土地開墾的過程中，雙方較無大規模的衝突，也維持著「番業主」與漢人佃戶之間的身分關係，北投社族人仍握有大部分的地權。

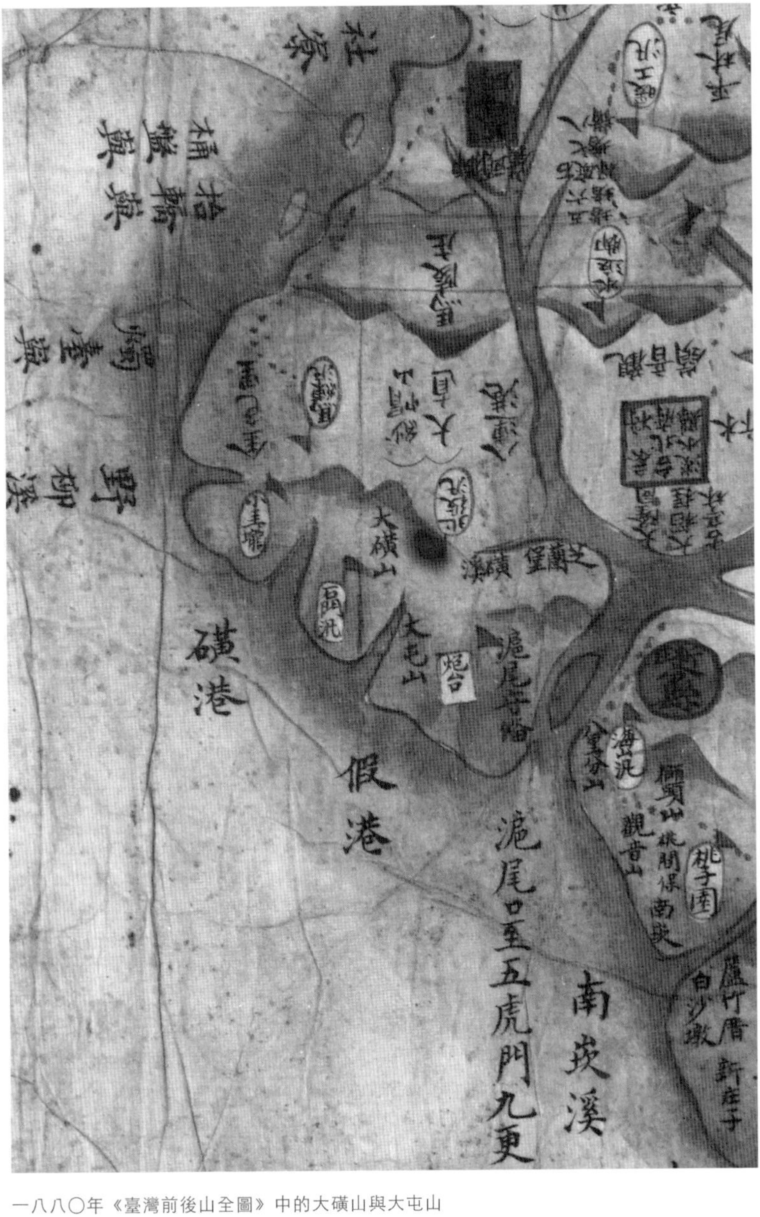

一八八〇年《臺灣前後山全圖》中的大礦山與大屯山
（攝於臺灣原住民族圖書資訊中心）

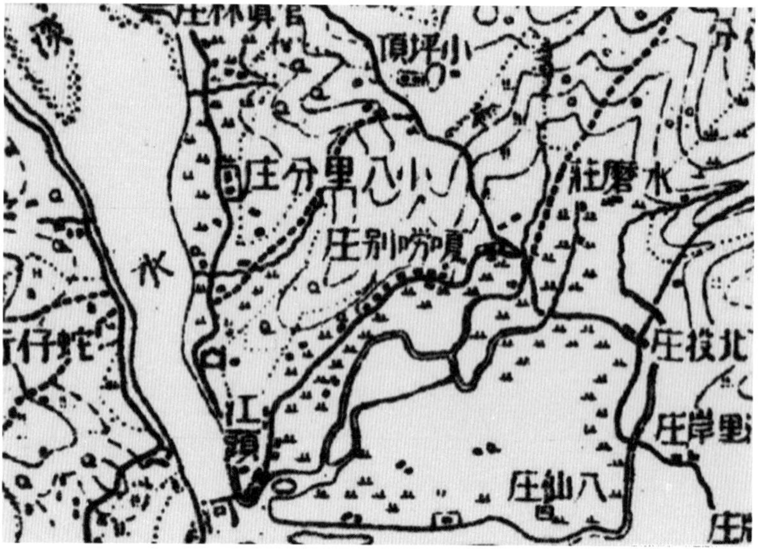

《日治臺灣假製二十萬分一圖》中的嗄嘮別庄、北投庄，一八九七年至一八九八年間繪製。（出處：《臺灣百年歷史地圖》，中央研究院人社中心 GIS 專題中心。）

一八九六年，伊能嘉矩繪製的《舊淡水縣平埔蕃十九社分布圖》。（攝於臺灣原住民族圖書資訊中心）

這樣的局面，可能一直持續到一八八八年（光緒十四年），由於減四留六法的實施，清帝國不再區分已經繳納租稅與尚未繳租稅的田園土地，而是明確規定「番業主」所收取的土地租金必須減收四成。[75]將繳納土地租金的責任，由「番業主」轉移到「小租戶」身上，讓「小租戶」將原先應該繳給「番業主」的地租留下四成，只將原來地租的六成送交「番業主」，「小租戶」留下的四成地租，拿來繳納給清帝國政府。這一政策，使得原住民逐漸失去其優勢的經濟地位，間接造成部落力量的衰落。

界線的消弭與部落的瓦解

日本帝國殖民臺灣初年，根據伊能嘉矩的調查，大屯山及紗帽山南側的北投、士林地區，僅剩下位於山麓地帶的毛少翁社與北投社。[76]「毛少翁社已被漢庄切割成北方山麓、西南方平原兩個部落」，[77]而且部落人口更少，僅十一戶，五十人。[78]從日治初期的資料，可以清楚知道，當時部落的族人已經完全散居在漢庄之中：「番業主」潘興旺的孫子潘東桂，居住在士林大北街；其餘族人共有七人住德行庄（何士旺、何鴨母、林清風、莫生枝、曾寶、潘明溪、翁永乾），一人住大北街（陳滾泉），三人住三角埔庄（翁文卿、翁南、翁秀），一人住唭哩岸庄（翁昌蒲），三人住在石牌庄（潘四美、黃水安、洪江溪）。[79]

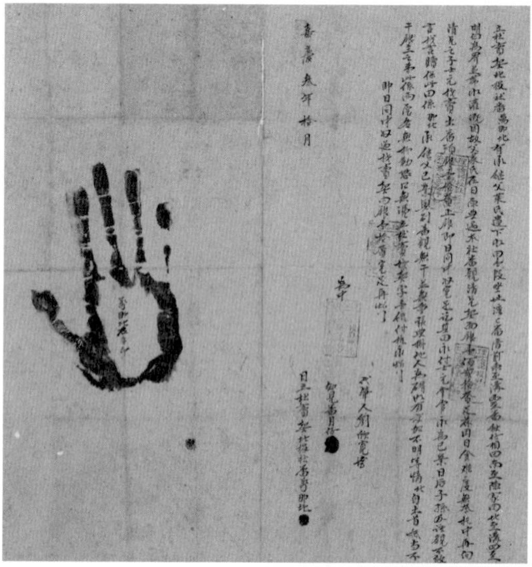

一七九八年（嘉慶三年），北投社族人萬那的土地杜賣契。
（攝於臺灣原住民族圖書資訊中心）

此時部落雖然已經裂解離散，但族人仍能維持親族之間的人際、社會網絡。

此一時期，「內北投社，已被漢人的北投庄奪去了一大半的土地，番社只剩山邊的大社」，[80]計有三十戶人家，男六十四人，女五十三人，人口共一百一十七人，這個人口數還包括混居於部落內的漢人。[81]至於族人的住家，則多為土磚造牆、茅草為屋頂的漢式土埆厝建築，穿著也已經是漢式衣服，食用漢式飲食，並使用閩南語進行日常交談。一八九六年的時候，伊能嘉矩記錄下當時北投社領袖潘有祕（Poanyupie）的一段口述：

我們的祖先，是大約在兩百年前從唐山的「山西」遷移到臺灣。當時的臺灣，人少蕃多，祖先一到臺灣，就模仿蕃人，就這樣變成蕃人。在北投附近的族人（即平埔蕃），共有兩千多人，其中二百人住在北投社。現在的臺灣人，是更後來從唐山移民過來的。[82]

在這一段關於祖先遷徙的祖源傳說中，潘有祕將祖先視為和漢人一樣，從唐山（中國）遷移到臺灣，所以原本並不是「蕃」，是被臺灣島上的原住民同化之後，才成為「平埔蕃」，又認為漢人只是更晚從唐山過來的人群，暗示自己部落的祖先與漢人是來自同一個地區，僅是遷徙時間不同而已。這一段複雜而曲折的敘述中，有一種自我扭曲的歷史觀，不禁讓人深思，究竟在清帝國的統治底下，這兩百餘年之間，族人經歷了多少的卑屈和辯證，才能創造出這一段「傳說」呢？但歷史對族人的傷害並沒有停在這裡，日本殖民者的到來，反而讓族人的處境更加地嚴峻。

一九〇五年（明治三十八年）臺灣總督府承接清帝國的原住民人群分類法，以「熟蕃」作為戶籍登記的人群類屬，卻沒有恢復官方對於「熟蕃」土地持有權的權利，而是將族人視同漢人一樣，編入一般街庄、保甲的行政系統。[83]這一項舉措不僅加速部落及家族組織的崩潰，[84]也很難再次有效凝聚族人的部落意識。總督府在同年取消「番大租」的政策，也是造成北投社、毛少翁社與其部落土地關係完全脫節之關鍵。[85]當年在北投庄之內，登記為「熟」的族人共一百二十人。除了嗄嘮別、頂北投與北投的頂社、中社、下社等地尚有少數的原住民之外，其他地方已經沒有族人的身影。

然而，部落所在的地理位置及地形因素，是否會影響族人登記為「熟」的意識？位於大屯山麓的北投社因為靠近磺煙谷地，被歷史學者張素玢等人推斷，該社與分布在基隆河畔的其他部落，可能頗有差異。[86]北投社、毛少翁社因為在大屯山系周遭的地權領域內，都有硫磺礦的產出，所以這些部落的族人早在荷西時期便以之交易獲利。清帝國官府雖然封禁山區硫磺礦的開採，但部落的族人，皆有被委以守硫之職。[87]毛少翁社在既往的研究中，研究者大多認為其社境在士林的社仔至天母、紗帽山一帶。但是，從原住民守硫的範圍至大油坑一帶，以及自古聯繫毛少翁社至北海岸金包里社的通婚與交易道路來看，毛少翁社的活動領域和獵場，可能包括七星山以東、大嶺（今日的擎天崗）以南的山仔后一帶山區。

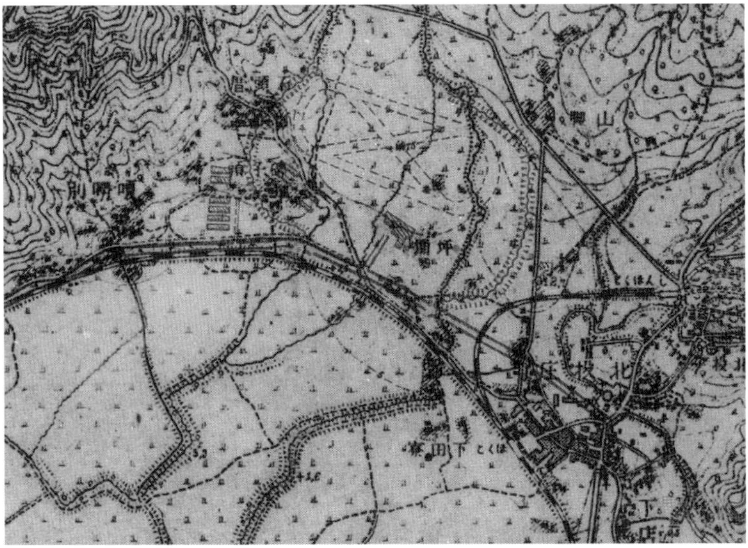

《日治二萬五千分之一地形圖》，紅線位置為賽馬場基地，一九〇七年至一九一六年間繪製。（出處：《臺灣百年歷史地圖》，中央研究院人社中心 GIS 專題中心。）

一九四〇年十月完工的賽馬場一景，賽馬場後方淺山即為頂社貴子坑和小坪頂一帶。（呂理昌提供）

若對照一六三二年時，哈辛托．艾斯奇維到北投社宣教的記錄：「北投社是由八、九個小村落組合而成的一個大社」，以及伊能嘉矩於一八九六年的調查：「內北投社，已被漢人的北投庄奪去了一大半的土地，番社只剩山邊的大社」，兩者並列起來看：前者的記述，根據歷史學者翁佳音的考證，指的是內北投社和外北投社這兩個靠近山區、位於河流上游的部落，兩社以嗄嘮別山、坪頂的山稜為界。外北投社兩旁的坑溪，南邊應為「內竿蓁林坑溪」，北邊為「貴仔坑溪」。貴子坑溪位於內北投社的頂社，今北投、淡水行政區上的界線，部分河道應為當時內北投社與外北投社之交界。至於後者的記述，據當地耆老口傳，昔日居住於嗄嘮別山區的嗄嘮別社族人與北投社頂社的族人以河為界，分居貴子坑溪上游的兩側，原有六十戶、四百多名的族人居住在此。

哈辛托．艾斯奇維與伊能嘉矩所指的「大社」，應該同樣是指在北投三層崎一帶高地上的部落，因為位處山上而勢力一直較為強盛。同理推測，雖然「番大租」制度的取消已衝擊了北投社的土地利益與經濟條件，但或許因為北投社頂社、頂北投這兩處的族人，都居住在一定海拔的山腰或丘陵，阻隔的地形讓部落可以維持原有的群居型態，也恰巧反映出進入到日本統治時期，在戶口調查中，北投庄與嗄嘮別庄註記「熟」的人數皆較多的原因之一。

其實在清帝國統治以來，淡北地區就有原住民族人往高地遷徙的相關紀錄。一張在陽明山竹子湖的地契文書就清楚表明，至少在一八〇四年（嘉慶九年）之前，已經有北投社族人來到此地生活，但這些族人是因為「經年來番社遺祖產業遭漢姦盤據，俱各變盡，無可棲身」才遷徙上山。考古學者陳仲玉也推測，北投社族人可能是因為在山下的居地被漢人蠶食之後，被逼上山的。[88]大屯山南側的菁礐庄一帶，在十八世紀中期就開始有漢人開墾。原屬於大屯社領域之青礐庄，清代中葉時因漢人大量進墾，又受到漢人的壓迫，部分族人被逼往高處遷徙，進入原來是他們游獵之地定居。[89]

不少原先居住在山麓地帶的北投社原住民，以及部分後來漢化較為嚴重的圭柔社、大屯社族人，在漢人拓墾的壓力下進入山區，建造石屋居住，[90]留下考證時間為清朝道光年間的「面天坪遺址」石屋群。因此，這個考古遺址的歸屬，即便不是屬於漢人，也應該是屬於漢化很深的平埔族。從地理位置的關係看來，這個遺址與北投附近部落的關係，應該較之於淡水附近的部落為深。[91]翁佳音也指出，毛少翁社在紗帽坑一帶山中曾有番社，[92]亦有毛少翁社族人遷移至紗帽山西南附近山麓之紀錄。[93]日治時期，伊能嘉矩的調查中也指出：當時北投社與毛少翁社僅存分布在磺山與紗帽山山麓的部落。[94]「山麓」即是指山坡和周圍平地明顯的交線或位處其間的過渡帶，地勢相對較高之處。

原住民族人曾居住在高地，或遷移至大屯山區的現象，亦清楚反映在大屯山系南麓留存的舊地名上。新北投附近的「番婆崙」、頂北投一帶的「番仔山」，皆在北投社境內。士林天母的「番婆嶺」，則在毛少翁社境內。從清帝國統治以來，因漢人移墾而往山上遷徙的族人，散落在北投沿山一帶居住，和居住在三層崎的嗄嘮別社、北投社頂社、頂北投地區的族人、紗帽山麓地帶的毛少翁社，在地理位置上有一定的地緣關係。然而，漢人並沒有停止墾殖的腳步，持續向大屯山、竹子湖一帶的山區邁進：

> 大約兩百年前，我們姓高的家族來到這裡，當時有一些番仔，就是原住民。我們向他們買土地來開發。開發完之後，就換曹姓家族來向我們姓高的買地。[95]

在竹子湖當地高姓耆老的口述中，家族是向原住民購買竹子湖的土地，但墾殖完成之後，原住民的身影就徹底消失在高姓家族的記憶之中，彷彿在山裡人間蒸發一般，從此不知去向。竹子湖的另一位張永洲耆老，也曾講述張姓家族的祖先，以九十銀元的價

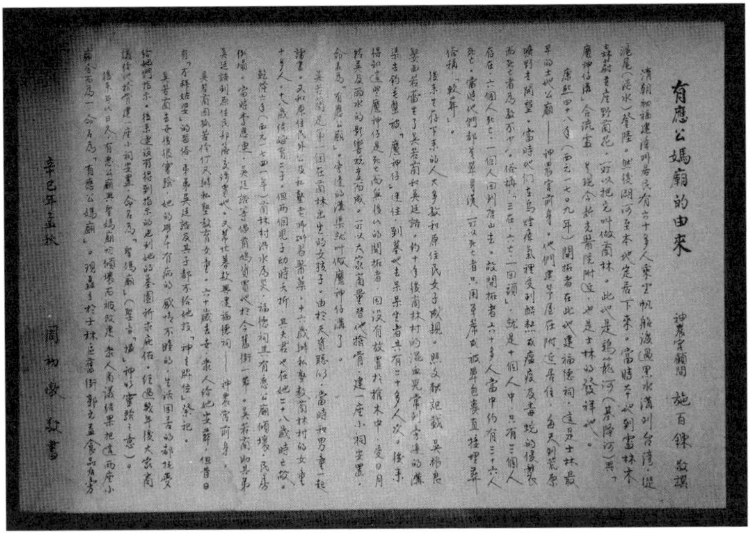

有應公媽廟的由來

神農宮顧問 施百鍊 敬撰

清朝初福建漳州居民有六十多人乘坐帆船渡過黑水溝到台灣，從滬尾（淡水）登陸。然後溯河至本地定居下來。當時本地到處林木森蔚长著野蘭花，所以把它叫做蘭林。此地是雞籠河（基隆河）與「魔神仔溝」合流處，是現今新光醫院附近，也是士林的發祥地。

康熙四十八年（西元一七〇九年）開拓者在此地建福德祠，這是士林最早的土地公廟——神農宮前身。他們建草屋在附近居住，每天到荒原曠野去開墾。當時他們在烏煙瘴氣裡受到酷熱或瘧疾及毒蛇的侵襲而死亡者為數不少，俗稱：「三在、六亡、一回頭」，就是十個人中，只有三個人存在，六個人死亡，一個人回到唐山去。該開拓者六十多人當中約有三十六人死亡。當時他們都是單身漢，所以死亡者只用草蓆或被單包裹直接埋葬俗稱「軟葬」。

後來生存下來的人大多數和原住民女子成親。照文獻記載，吳稀良娶西若雷生了吳若蘭和吳廷諧。約十年後蘭林村的混血兒常到旁邊的溝渠去釣毛蟹被「魔神仔」迷住，到墓地去呆呆坐者共有二十多人次。後來得知這些魔神仔是死亡而無後代的開拓者，因沒有放置於棺木中，受日月精英及雨水的影響而變成。所以大家商量替他撿骨，建一座小祠安置，命名為「有應公廟」。旁邊的溝渠就叫做魔神仔溝了。

吳若蘭是第一個在蘭林出生的女孩子，由於天資聰明，當時和男童一起讀書。又和原住民外公及私塾老師研習醫藥。十六歲時私塾教蘭林村的女童十多人。十八歲結婚育二子，但兩個兒子幼時夭折，且夫君也在她二十八歲時亡故。

乾隆六年（西元一七四一年）蘭林村洪水為災，福德祠與有應公廟傾壞，民房倒塌，當時李惠連、吳廷諧等倡首鳩資重建於今舊街一帶。吳若蘭助其弟吳廷諧到原住民部落去募資，又募地募款興建福德祠——神農宮前身，吳若蘭因勤苦修行又開私塾教育女童。六十歲去世，眾人給她安葬，但昔日有「不拜姑婆」的習俗，年弟吳廷諧及其子都不給她設「神主牌位」祭祀。

吳若蘭去世後很靈驗，她的學子有病的、感情不睦的、生活困苦的都祈夢給她們指示。後來建設有得到指示的色到她的墓園祈求庇佑，經過數年後大家商議給她於旁建一座小祠安置，命名為「聖媽廟」（聖音「姆」，神明寶蹟之意）。

後來日久，有應公廟與聖媽廟均傾壞而被改建，眾人商議結果把這兩座小廟合而為一，命名為「有應公媽廟」。現遷建於士林區富街郭元益食品旁

辛巳年孟秋 閻初緣 敬書

上：士林「有應公媽廟」沿革（攝於二〇一七年）
下：士林「有應公媽廟」一景（攝於二〇一七年）

錢，向圭北屯社一位潘姓「土目」，買下了竹子湖附近舊名為「百六戛」（今日巴拉卡公路附近）的地方，一片七十多甲的土地。[96]部落族人即便在山上，最終也無法阻絕漢人的移墾速度，山區的土地仍落入漢人的手中。到後來，無論是在紗帽山麓的毛少翁社，還是北投社位處高地的大社，雖然在漢人的侵逼下倖存，不過在進入日治時期之後，仍不敵現代化國家力量的介入，在一九一〇年代，日本人以脅迫、強制方式購取頂社族人的土地，開採白土礦。頂社原住民族人被迫遷徙、流離至中社和下社之中。

幾乎可以確定在日本殖民初期，淡北地區仍有北投社、毛少翁社「番業主」的存在。原住民族人面臨土地所有權被剝奪、土地喪失與部落的瓦解，則是在日本政府取消「番大租」制度、部落離散或遷社之後。因此，日本人在一九〇五年取消「番大租」權利的做法，使得北投社僅存的三處部落「頂社」、「中社」和「下社」勢力被大為削弱，過後為了要開採頂社一帶的白土礦，將族人遷至中社，又為了在中社的土地興建賽馬場，族人再度被迫遷徙至下社。當中參雜的各種社會環境因素，也讓一些北投社族人分散至他處居住，隱身於漢人街庄當中；毛少翁社族人也散居在以漢人為主要群體的三角埔庄、唭哩岸庄和石牌庄之中。

士林神農宮內的「吳廷誥長生尊位」（攝於二〇一八年）

在日本統治期間，包含始於一九二九年（昭和四年）的「御大典紀念大屯山公園」，以及一九三七年（昭和十二年）設立的「大屯國立公園」，範圍涵蓋大屯山系周圍的淡水、北投與士林的部分地區，竹子湖、百六戛、紗帽山、十八份與頂北投等地也包含在其中。殖民者硬生生地將園區劃在原住民昔日的部落鹿場與居住地上，但族人在這一處山域當中，卻逐漸被歷史所隱蔽和遺忘。

根據一九〇五年的日本文獻，毛少翁社僅有二十一人登錄（男十四、女七）；一九一五年登錄的人數又再減少：滬雅庄六人（男四、女二）、三角埔庄七人（男

三、女四）；一九二〇年時再降低至八人。[97]北投社方面，在一九二〇年《第一回臺灣國勢調查表》的人口資料，臺北州七星郡的「熟蕃」人口數只有一百二十六人；北投庄內的原住民人數共有八十四人。[98]到了一九二五年，北投庄內的原住民人數共七十九人，[99]一九三〇年再下降至六十二人。[100]一九三四年，日本殖民政府預計要在中社一帶興建賽馬場，有部分族人再遷往下社。隔年，北投庄的熟註記人數，已經下降至五十四人。[101]此時唭哩岸與頂北投地區，已經無人登記為「熟」，整體人數逐年減少，漸漸隱身在漢人社會之中。但是，這些數字絕對不是實際的族人數目，當時選擇登記為「熟」的族人，在地方的親族網絡當中，可能也知道有哪些親戚迫於一些考量和社會因素，最後選擇登記屬於漢人的「福」或「廣」。

百餘年來，原漢人群之間的關係界線，從荷西時期的盆地地形阻隔，到清朝中葉官方劃設原漢人群的線形界址，再到「番社」、「漢庄」之間的塊面交錯。隨著漢人的增加，再轉變成「社」被包覆在「庄」之中。到了日治時期取消「番大租」、部落族人四散或遷社之後，淡北地區的原住民族人大多都散居在漢庄之中。日治時期官方對於土地制度的結構性調整，以及土地徵收、資源榨取的計畫，使得族人既要在漢人社會中尋求生存方式，也要面臨部落徹底瓦解的創痛。部落的傳統社域和原住民文化的丟失，除了是一部漢人侵墾的界線消弭史，也是一部被國家力量碾碎的社會發展史。

進入二十世紀，淡北地區正式走入「後部落」的時代，但原住民族人仍生活於這片土地，居住在這座城市裡，並未在歷史洪流之中徹底潰散。從這一段原住民族人遷徙、流離的歷史過程，我逐漸可以感覺到，「定居型殖民城市」的神話，是如何在漢人的開發史敘事中被形塑和建立的。不過，也能夠更細緻地察覺，作為定居殖民者的漢人群體內部，有相當程度的複雜性，並不是難以被其他人群的宇宙觀所侵入、撼動，宛如鐵板一塊的存在。特別是漢人在地方廟陣活動與信仰祭儀當中，因為承認超自然的「靈」實際存在，無論是從平埔族原住民那邊轉化而來的「地基主」，或是其他各式各樣的陰廟，漢人不會否定祂的真實性，反而持續和這些與原住民有關的「靈」，共處於同一個世界，世代祭拜這些更早來到此地的靈魂。

這也讓我想起，今日的士林捷運站附近，有一間「有應公媽廟」，合祀「聖媽」與有應公。根據施百鍊耆老所撰寫、展示於廟前的沿革誌：這位「聖媽」，是清代漳州來臺的漢人吳振良，娶士林一帶平埔族原住民女子西若蕾（名字為族語音譯）為妻，所生

尚未開採白土礦時的頂社一帶地形（出處：《臺灣百年歷史地圖》，中央研究院人社中心GIS 專題中心。）

下的女兒吳若蘭。吳若蘭因為從小天資聰穎，便和男童一起讀書，又和她的原住民外公與私塾老師研習醫藥，十六歲時就在地方上創辦私塾教書，奉獻於地方教育。一七四一年（乾隆六年），士林一帶洪水為患，造成士林「福德廟」傾壞。當時她的弟弟吳廷誥等人，倡議集資買地於芝蘭街一帶。吳若蘭於是協助其弟到原住民部落交涉、買地，又幫忙募款建廟所需的資金。她在六十歲左右去世，但昔日漢人社會有「不拜姑婆」的習俗，弟弟吳廷誥無法給她設立「神主牌位」祭祀，僅由鄉里人士將她埋葬。不過身歿之後的吳若蘭，卻非常地靈驗，有求必應。幾年後，經過

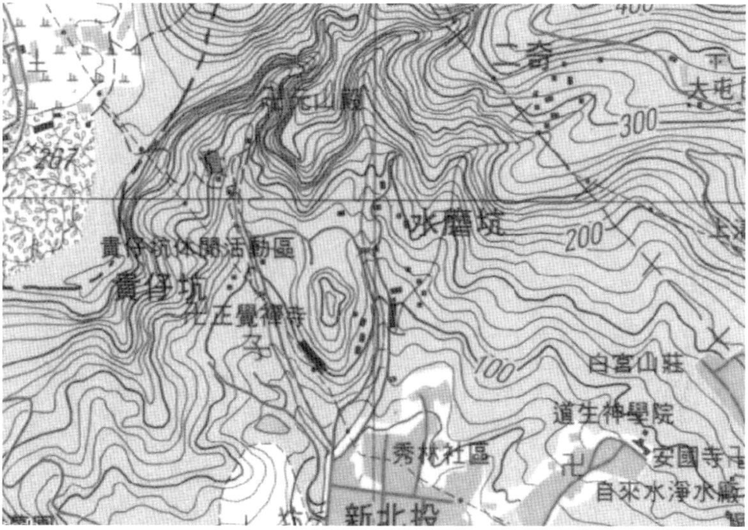

開採白土礦之後，頂社一帶出現一處偌大的凹谷。（出處：《臺灣百年歷史地圖》，中央研究院人社中心 GIS 專題中心。）

地方人士商議，為祂撿骨、建一座小祠安置，命名為「聖媽廟」。[102]一九七八年，經地方人士擲筊請示，才修建成今日的廟貌。

那麼吳若蘭的弟弟吳廷誥，又是何許人也？根據地方志記載：一七四一年，士林一帶洪水為患，福德廟傾圮。吳廷誥、黃必興、黃振文、林禹言等人募集資金，將廟宇遷於芝蘭街（今士林舊佳一帶）重建，並取名為「芝蘭廟」，[103]也就是今日士林的「神農宮」。一七五二年（乾隆十七年），再由當地漢人黃國聘敬獻土地、吳廷誥召集人馬、捐獻資金，修建奉祀觀音佛祖與開漳聖王的「芝山巖」及「惠濟宮」。至一七七三年（乾隆三十八年），士林附近的劍潭寺（今圓山一帶）也是由吳廷誥等人集資重修，[104]是一位地方上重要的賢達，今日士林「神農宮」內，仍設有一個「吳廷誥長生尊位」，感念祂生前的奉獻。吳氏姊弟作為原漢混血的第二代，在十八世紀中葉的士林地區，應當在毛少翁社的部落與漢人街庄之間，扮演極為重要的溝通和協調角色。

現在公開展示於廟前的沿革誌，不論內容是否屬實，必定是經由「聖媽」的同意、地方居民與信徒的共識，才能置於廟裡供人閱覽，並已成為地方社會所認同與相信的「真實」了。漢人對「聖媽」的信仰，是因為祂生前的奉獻與死後的靈驗，是因為祂的「靈力」，而讓身上流有原住民血脈的吳若蘭，今日得以「聖媽」之姿，棲居於士林市街的廟祠中，地方漢人並未遺忘「聖媽」原來的身分，在面對祂的原住民淵源時，也未將生平背景抹消。從清代、日治時代到戰後時期，「聖媽」沒有流離失所，反而已經成為地方記憶、信仰與超自然的一部分。

我總是在想，為甚麼在原漢人群勢力消長的過程中，「靈」的超自然力量得以持續地存在？除了漢人本身就存在近似泛靈論的傳統觀念之外，是否還因為漢人面對「靈」

與超自然力量的真實經驗，也會產生畏懼和退讓，進而在接觸到原住民的過程當中，得以開啟另一個維度的、非人的協商空間，使祂可以持續地存在於今日的淡北地帶？這也讓我想到，保德宮的潘國良耆老曾經和我講過一個故事，是在一九七〇年代末，「番仔王爺」的乩身到頂社舊部落的生活場域附近——一處舊名為「鬼仔坑」（今日北投貴子坑一帶）的地方——「殺鬼」的事蹟：

> 以前我們廟裡的乩童，曾經到鬼仔坑去「殺鬼」。那時候「歹物仔」很多，就在貴子坑水土保持教學園區那邊。當時很多人都跑去看，我爸爸也有去看。我聽我爸爸說，那個王爺的乩身去「殺鬼」的時候，雙腳踩在水面上，浮起來不會沉下去。那時候很多人都在旁邊圍觀，很多人都有看到。[105]

潘國良耆老口中的「鬼仔坑」，位於頂社部落的舊址下方，因為地名不雅，後來被改稱為「貴子坑」。那附近有一條古道，是昔日要從北投街上進入小坪頂、三層崎與大屯山的必經之地，也是出入部落的重要道路。事實上，北投社頂社的原住民族人搬遷之後，日本人在部落舊址附近，陸續設立「北投陶器所」（一八九七年成立，後改名為「臺灣窯業株式會社」）與「大屯製陶所」（一九二三年成立），挖掘當地白土、燒製餐具、磁磚及耐火磚，以天然資源賺取龐大的利潤。戰後則是由「臺灣工礦公司北投陶瓷耐火器材廠」繼續生產碗盤、瓷磚及陶瓷用品，並一直持續到一九七〇年代，頂社一帶的山體被挖出一個大凹谷。頂社一帶後來被稱為「鬼仔坑」，應該就是這一系列濫挖、亂掘的過程所致。當地會鬧鬼的原因已經不可考，有些漢人耆老認為，是原住民族人被迫離開此地之後，因為採掘白土而造成自然地景驟變、岩壁裸露、環境凌亂不堪，夜晚時看上去宛若一片巨大的恐怖魅影，因此被當地漢人稱為「鬼仔坑」。[106]

由於大量開採的緣故，山坡地喪失原有的水土保持功能，一九七七年薇拉颱風過境，造成附近山溝的溪水暴漲，挾帶大量泥石向下游地區溢流，埋沒了不少房舍和農田。[107]如此嚴重的災害發生之後，政府才下令禁止開採白土，但舊部落原有的環境和景觀，已經永遠無法復原。殊不知，卻在原住民族人帶著「番仔王爺」從頂社一路搬遷至中社、下社的半個世紀之後，「番仔王爺」再次重返昔日的舊部落附近「殺鬼」，顯示「鬼仔坑」仍是這位神靈所管轄和辦事的區域。當時前去圍觀的民眾，應該沒有人不知道這是「番仔王爺」。儘管潘姓家族已經離開部落舊地，但在地方社會當中，依然透過祂的超自然力量，和舊部落一帶的生活場域有著特殊的聯結，也透過神靈「殺鬼」的方式，在民間建立一套人、土地與靈界之間的象徵秩序——昔日的舊部落附近，仍是「番仔王爺」處理人間與靈界事務的範圍。

在地方漢人信徒眼中，「番仔王爺」重返舊部落的神蹟，是真實發生的事件，大家對此深信不疑，還建立了堅定的信仰意識。一九八〇年代以後，儘管保德宮經歷多次的拆遷，漢人信徒都未曾離去，和原住民族人一同協力互助至今，祭祀的活動不曾間斷。因此稱祂為「番仔王爺」，不僅代表這是「番仔」所祭拜的神靈，也意味著對「王爺」的敬重和相信。如果我們再進一步回返至當代的社會環境，便會發現歷史上的原漢人群接觸過程，表面看似是原住民失去了大量的土地及文化，其實，在「番仔王爺」這位越界神靈的信仰認同底下——即使番仔厝保德宮經歷數次的拆遷與四處流離——依然展現了「靈」的歷史韌性與凝聚人群的力量，透過逐漸形成的原漢人群共同信奉、彼此交陪合作的廟陣組織與祭儀，持續摸索一條朝向原民復振的道路前行。

一九九〇年代的貴子坑（呂理昌提供）

註1：湯熙勇，〈臺北石牌番漢分界碑勒石時間之商榷：兼論臺灣北部現存最早之古碑及其價值〉，《人文及社會科學集刊》第二卷第一期（一九八九年十一月），頁八十五～一〇〇。

註2：參見蔣毓英，《臺灣府志》（南投：臺灣省文獻會，一九八五年）。

註3：溫振華，〈清代淡水地區平埔族分佈與漢人移墾〉，收入周宗賢主編，《淡水學學術研討會：過去、現在、未來論文集》（臺北：國史館，一九九九年），頁三十一。

註4：原文如下：「八里坌社，舊在淡水港西南之長豆溪；荷蘭時後壠番殲之，幾無遺種，乃移社港之東北。」參見周鍾瑄，《諸羅縣志》（臺北：臺灣銀行經濟研究室，一九六二年），頁二八六。

註5：翁佳音，《大臺北古地圖考釋》（臺北：臺北縣立文化中心，一九九八年），頁七十四～七十七。

註6：洪敏麟，《臺灣舊地名之沿革》第一冊（南投：臺灣省文獻委員會，一九八〇年），頁一〇二。

註7：溫振華，〈清代淡水地區平埔族分佈與漢人移墾〉，收入周宗賢主編，《淡水學學術研討會：過去、現在、未來論文集》（臺北：國史館，一九九九年），頁三十四。

註8：黃雯娟，《陽明山地區地名探源與調查研究》（臺北：陽明山國家公園管理處委託研究報告，二〇〇八年），頁四十二。

註9：伊能嘉矩著，楊南郡譯，《平埔族調查旅行：伊能嘉矩〈臺灣通信〉選集》（臺北：遠流，一九九六年），頁一三〇。

註10：溫振華、戴寶村，《淡水河流域變遷史》（臺北：臺北縣立文化中心，一九九八年），頁三十七。

註11：高賢治，《大臺北古契字集（二）》（臺北：臺北市文獻委員會，二〇〇二年），頁二九四。

註12：溫振華，〈毛少翁社社史〉，《臺灣風物》第五十八卷二期（二〇〇八年六月），頁十五～四十四。

註13：溫振華、戴寶村，《淡水河流域變遷史》（臺北：臺北縣立文化中心，一九九九年），頁三十五。

註14：康培德等人，《大屯山、七星山系聚落史調查研究》（臺北：陽明山國家公園管理處，二〇〇二年），頁十七～三十二。

註15：翁佳音，《大臺北古地圖考釋》（臺北：臺北縣立文化中心，一九九八年），頁四十八。

註16：參見黃叔璥，《臺海使槎錄》（臺北：臺灣銀行經濟研究室，一九五七年）。

註17：參見劉良璧，《重修福建臺灣府志》（臺北：臺灣銀行經濟研究室，一九六一年）。

註18：翁佳音，《陽明山地區族群變遷與古文書研究》（臺北：內政部營建署陽明山國家公園管理處委託研究報告，二〇〇六年），頁十～十一。

註19：陳宗仁，《雞籠山與淡水洋：東亞海域與臺灣早期史研究（一四〇〇～一七〇〇）》（臺北：聯經，二〇〇五年），頁二二一。

註20：伊能嘉矩著，溫吉譯，《臺灣番政志》（南投：臺灣省文獻會，一九九九年），頁四十三～四十四。

註21：連橫，《臺灣通史》（臺北：中華叢書委員會，一九五五年），頁十一～十四。

註22：參見翁佳音，《大臺北古地圖考釋》（臺北：臺北縣立文化中心，一九九八年）。

註23：馬利亞．阿瓦列斯（Jose Mareia Alvarez）著，李毓中、吳孟真譯，《西班牙人在臺灣一六二六～一六四二》（南投：國史館臺灣文獻館，二〇〇六年），頁一三二。

註24：翁佳音，《陽明山地區族群變遷與古文書研究》（臺北：內政部營建署陽明山國家公園管理處委託研究報告，二〇〇六年），頁四十。

註25：潘江衛，〈北投古早人：凱達格蘭族人〉，《社寮島文史工作室》，網址：http://sheliaoislandstory.blogspot.com/2007/11/blog-post_3029.html。

註26：參見翁佳音，《大臺北古地圖考釋》（臺北：臺北縣立文化中心，一九九八年）。

註27：參見翁佳音，《大臺北古地圖考釋》（臺北：臺北縣立文化中心，一九九八年）。

註28：潘江衛，〈北投古早人：凱達格蘭族人〉，《社寮島文史工作室》，網址：http://sheliaoislandstory.blogspot.com/2007/11/blog-post_3029.html。

註29：尹章義，《臺灣開發史研究》（臺北：聯經，一九八九年），頁十五。

註30：黃雯娟、康培德，〈陽明山地區族群變遷及聚落發展之研究：以日治時代北投地區為中心的考察〉（臺北：內政部營建署陽明山國家公園管理處委託研究報告，二〇〇七年），頁十三。

註31：臺北市志編輯委員會，《臺北市志．卷首》（臺北：臺北市政府，一九九一年），頁七。

註32：陳培桂，《淡水廳志》（臺北：臺灣銀行經濟研究室，一九六三年），頁七十四。

註33：王世慶，《淡水河流域河港水運史》（臺北：中央研究院，一九九八年），頁三十一。

註34：柳頤庭，〈探究日據時期之前北投的聚落發展〉，《網路社會學通訊期刊》第八十六期，網址：http://www.nhu.edu.tw/~society/e-j/86/03.htm。

註35：黃叔璥，《臺海使槎錄》（臺北：臺灣銀行經濟研究室，一九五七年），頁一六八。

註36：張素玢，〈清代臺灣的政治與社會發展（一六八四～一八五八）〉，《島國群像：兼容並蓄的臺灣歷史與文化》（臺北：數位典藏與數位學習國家型科技計畫拓展臺灣數位典藏計畫，二〇一二年），頁六十八～六十九。

註37：吳聰敏，〈大租權土地制度之分析〉，《經濟論文叢刊》第四十五卷第二期（二〇一七年六月），頁三〇四～三〇五。

註38：筆者訪談，〈林明義耆老口述〉，二〇一八年六月。

註39：周鍾瑄，《諸羅縣志》（臺北：臺灣銀行經濟研究室，一九六二年），頁一七三。

註40：周鍾瑄，《諸羅縣志》（臺北：臺灣銀行經濟研究室，一九六二年），頁一二一。

註41：高賢治，《大臺北古契集（一）》（臺北：臺北市政府文獻委員會，二〇〇〇年），頁二六五～二六六。

註42：溫振華，〈毛少翁社社史〉，《臺灣風物》第五十八卷二期（二〇〇八年六月），頁十七。

註43：盛清沂，《臺北縣志：卷五　開闢志》（臺北：成文，一九八三年），頁五十四。

註44：周鍾瑄，《諸羅縣志》（臺北：臺灣銀行經濟研究室，一九六二年），頁二六一～二六二。

註45：陳允芳，《北投傳統人文景點研究》（臺北：國立臺灣師範大學歷史研究所碩士論文，二〇〇三年），頁二十三。

註46：士林鎮誌編纂委員會，《士林鎮誌》（臺北：士林鎮誌編纂委員會，一九六八年），頁二十六。

註47：臺北市政府文獻委員會，《大臺北古契字（四）》（臺北：臺北市政府文獻委員會，二〇〇七年），頁二十。

註48：溫振華，〈臺北高姓：一個臺灣宗族組織形成之研究〉，《臺灣風物》三十卷四期（一九八〇年十二月），頁三十五～五十三。

註49：曾迺碩，《臺北市志：卷一．沿革志封域篇》（臺北：臺北市文獻會，一九八八年），頁一八六。

註50：參見何培夫，〈歸番管業界碑〉，《臺灣地區現存碑碣圖誌》（臺北：國立中央圖書館臺灣分館，一九九九年）。

註51：北投區公所，《北投區志》（臺北：北投區公所，二〇一一年），頁六十一。

註52：陳自然，《陳懷公來臺二百七十週年暨遷建祖厝慶祝紀念特刊》（臺北：祭祀公業陳懷管理委員會，一九九七年），頁九十九。

註53：筆者訪談，〈張輝龍耆老口述〉，二〇一六年年八月。

註54：陳培桂，《淡水廳志》（臺北：臺灣銀行經濟研究室，一九六三年），頁七十二。

註55：余文儀，《續修臺灣府志》（臺北：臺灣銀行經濟研究室，一九六二年），頁六十九。

註56：地理學者施添福在考證《民番界址圖》時，將其稱為《清乾隆二十五年臺灣番界圖》。參見施添福，〈紅線與藍線：清乾隆中葉臺灣番界圖〉，《臺灣史田野研究通訊》第十九期（一九九一年六月），頁四十六～五十。

註57：陳允芳，《北投傳統人文景點研究》（臺北：國立臺灣師範大學歷史研究所碩士論文，二〇〇三年），頁四十四。

註58：洪敏麟，《臺灣舊地名之沿革》第一冊（南投：臺灣省文獻委員會，一九八〇年），頁二二七。

註59：戴寶村，《建立陽明山地區耆老資料庫、生命史及口述歷史紀錄》（臺北：陽明山國家公園管理處委託辦理報告，二〇一三年），頁一六二。

註60：翁佳音，《陽明山地區族群變遷與古文書研究》（臺北：內政部營建署陽明山國家公園管理處委託研究報告，二〇〇六年），頁四十二。

註61：臺灣銀行經濟研究室編，《清會典臺灣事例》（臺北：臺灣銀行經濟研究室，一九六六年），頁一八四～一八五。

註62：詹素娟，《大屯山、七星山系硫磺礦業史調查研究》（臺北：內政部營建署陽明山國家公園管理處，二〇〇二年），頁二十八。

註63：陳允芳，《北投傳統人文景點研究》（臺北：國立臺灣師範大學歷史研究所碩士論文，二〇〇三年），頁十六。

註64：不著撰人，《淡新檔案》第一四四〇一．八案（臺北：國立臺灣大學圖書館數位典藏資料庫藏）。

註65：不著撰人，《淡新檔案》第一四四〇三．八案（臺北：國立臺灣大學圖書館數位典藏資料庫藏）。

註66：不著撰人，《淡新檔案》第一四四〇三．二案（臺北：國立臺灣大學圖書館數位典藏資料庫藏）。

註67：不著撰人，《淡新檔案》第一四四〇三．二案（臺北：國立臺灣大學圖書館數位典藏資料庫藏）。

註68：參見黃雯娟，〈日治時代北投地區的區域發展與社會網絡〉，《臺灣學研究》第八期（二〇〇九年十二月），頁九。

註69：陳培桂，《淡水廳志》（臺北：臺灣銀行經濟研究室，一九六三年），頁十二。

註70：余振瑞耆老口述，轉引自林芬郁，〈唭哩岸與慈生宮歷史變遷之研究〉，《臺灣文獻》第六十一卷三期（二〇一〇年九月），頁四一〇。

註71：黃雯娟，《陽明山地區地名探源與調查研究》（臺北：陽明山國家公園管理處，二〇〇八年），頁五十。

註72：溫振華，〈北部北投社番業戶畝倫家族地權之流變〉，《臺灣原住民史：政策篇（清治時期）》（南投：國史館臺灣文獻館，二〇〇七年），頁一七三～一八五。

註73：李瑞宗，《陽明山國家公園原住民史蹟調查與耆老口述歷史紀錄：十八份、頂湖、菁礐、山豬湖座談會訪談紀錄》（臺北：陽明山國家公園管理處，一九九七年），頁十四。

註74：資料整理自周元文，《重修臺灣府志》，頁四十二～四十四；周鍾瑄，《諸羅縣志》，頁二十五～三十二；劉良璧，《重修福建臺灣府志》，頁七十七～八十、八十三～八十四；范咸，《重修臺灣府志》，頁六十九、七十七～七十八；余文儀，《續修臺灣府志》，頁七十五～七十八、八十九；陳培桂，《淡水廳志》，頁五十七～六十五。

註75：李文良，〈晚清臺灣清賦事業的再考察：「減四留六」的決策過程與意義〉，《漢學研究》第二十四期一卷（二〇〇六年六月），頁三九九。

註76：伊能嘉矩著，楊南郡譯，《平埔族調查旅行：伊能嘉矩〈臺灣通信〉選集》（臺北：遠流，一九九六年），頁七十。

註77：伊能嘉矩著，楊南郡譯，《平埔族調查旅行：伊能嘉矩〈臺灣通信〉選集》（臺北：遠流，一九九六年），頁一六三。

註78：詹素娟、劉益昌，《大臺北都會區原住民歷史專輯：凱達格蘭調查報告》（臺北：臺北市文獻委員會，一九九九年），頁一五九～二二三。

註79：參見臺灣省行政長官公署統計室，《臺灣事情一斑》（東京：臺灣省行政長官公署統計室，一八九八年）。

註80：伊能嘉矩著，楊南郡譯，《平埔族調查旅行：伊能嘉矩〈臺灣通信〉選集》（臺北：遠流，一九九六年），頁一六三。

註81：伊能嘉矩著，楊南郡譯，《平埔族調查旅行：伊能嘉矩〈臺灣通信〉選集》（臺北：遠流，一九九六年），頁七十三。

註82：伊能嘉矩著，楊南郡譯，《平埔族調查旅行：伊能嘉矩〈臺灣通信〉選集》（臺北：遠流，一九九六年），頁六十二。

註83：詹素娟，〈臺灣平埔族的身份認定與變遷（一八九五～一九六〇）：以戶口制度與國勢調查的「種族」分類為中心〉，《臺灣史研究》第十二卷二期（二〇〇五年十二

月），頁一二一～一六六。

註84：鄭螢憶，《王朝體制與熟番身分：清代臺灣的番人分類與地方社會》（臺北：國立政治大學臺灣史研究所博士論文，二〇一七年），頁一九八。

註85：陳允芳，《北投傳統人文景點研究》（臺北：國立臺灣師範大學歷史研究所碩士論文，二〇〇三年），頁三十九～四十。

註86：詹素娟、張素玢，《臺灣原住民史：平埔族篇（北）》（南投：臺灣省文獻委員會，一九九九年），頁一三二。

註87：康培德等人，《大屯山、七星山系聚落史調查研究》（臺北：陽明山國家公園管理處，二〇〇二年），頁三十八。

註88：陳仲玉，《陽明山國家公園人文史蹟調查》（臺北：陽明山國家公園管理處，一九八七年），頁七十二。

註89：陳仲玉，《陽明山國家公園人文史蹟調查》（臺北：陽明山國家公園管理處，一九八七年），頁五十三。

註90：劉益昌，《陽明山國家公園面天坪古聚落考古學研究》（臺北：內政部營建署陽明山國家公園管理處委託研究報告，二〇〇三年），頁四十一～四十二。

註91：顏廷伃，〈面天坪遺址及周邊地區自然人文景觀考古學調查研究結果〉，《國家公園學報》第二十九卷第一期（二〇一九年六月），頁二十一～二十二。

註92：參見翁佳音，《大臺北古地圖考釋》（臺北：臺北縣立文化中心，一九九八年）。

註93：康培德等人，《大屯山、七星山系聚落史調查研究》（臺北：陽明山國家公園管理處，二〇〇二年），頁十七～三十二。

註94：伊能嘉矩著，楊南郡譯，《平埔族調查旅行：伊能嘉矩〈臺灣通信〉選集》（臺北：遠流，一九九六年），頁七十。

註95：李瑞宗，《陽明山國家公園原住民史蹟調查與耆老口述歷史紀錄：湖底、竹子湖座談會訪談紀錄》（臺北：陽明山國家公園管理處，一九九七年），頁四十八。

註96：李瑞宗，《陽明山國家公園原住民史蹟調查與耆老口述歷史紀錄：西北分區訪談紀錄》（臺北：陽明山國家公園管理處，一九九七年），頁四十。

註97：詹素娟、劉益昌，《大臺北都會區原住民歷史專輯：凱達格蘭調查報告》（臺北：臺北市文獻委員會，一九九九年），頁一五九～二二三。

註98：分別是北投：男十一，女五；唭哩岸：男零，女一；嘎嘮別：男三十七，女二十八；頂北投：男二，女零。

註99：北投：男十五，女十；唭哩岸：男二十八，女二十五；頂北投：男一，女零。

註100：北投：男十三，女六；嗄嘮別：男二十三，女二十。

註101：北投：男三，女三；嗄嘮別：男二十九，女十九。參見陳惠滿，《北投聚落景觀變遷的研究：人文生態觀點之探討》（臺北：國立臺灣師範大學地理學研究所碩士論文，一九九八年），頁五十九。

註102：施百鍊，《有應公媽廟的由來》（臺北：士林神農宮管理委員會，二〇〇一年），無頁碼。

註103：士林區志編輯委員會，《士林區志》（臺北：士林區公所，二〇一〇年），頁二七五。

註104：臺北市志編輯委員會，《臺北市志．卷首》（臺北：臺北市文獻委員會，一九八八年），頁三十二。

註105：筆者訪談，〈潘國良耆老口述〉，二〇二〇年六月。

註106：筆者訪談，〈陳姓耆老口述〉，二〇一九年三月。

註107：陳瀅如、鄭悅海，〈水土保持的重要性：貴子坑水土保持教室戶外教學〉，《科學教育月刊》第二五四期（二〇〇二年十一月），頁五十三。

遷徙與流變中的神靈

肆

當我們回溯人群及土地界線的歷史，會發現淡北地帶的原住民族與漢人之間的關係，大約在一七二〇年之前，仍有關渡隘口與兩側山嶺夾峙而成的天險，作為「依山阻海」之屏障，形成天然的地形阻隔作用，漢人勢力尚未撼動北投社、毛少翁等社的生活。接著，一七二〇年到一七四〇年之間，剛剛興起的漢人聚落仍和部落族人之間，有一道民間私劃的地界，但時有漢人越界之情事發生。約在一七四〇年到一七六〇年間，漢人越界佔地、侵墾的問題日益嚴重，雖仍有官方劃定的數座原漢界碑，但是漢人已經在一線之隔的地方積極拓墾土地。

到了一七六〇年至一七九〇年間，漢人逐漸越過原漢界址，在幾處部落的土地承租開墾，形成部落與漢庄彼此交錯林立的情形。此時，部落的勢力仍與零星錯落的漢庄勢力均等，一道「社」與「庄」之間明顯的族群界線尚存，但是獵場已逐漸消失，或承租給漢人開闢水田。約莫在一八二〇年至一九一〇年間，淡北地區隨著漢人的增加，以及「社」、「庄」之間勢力的消長，原住民的土地逐漸流失，僅存的北投社頂社、中社、下社這三處部落，逐漸被包覆在「漢庄」之中。一九一〇年代之後，部落族人在數次的遷徙當中，頂社與中社隨著土地徵收而瓦解，遷徙至下社的族人也逐漸散居在漢庄之中。

二〇一〇年保德宮拆廟事件後，留下的斷垣殘壁。（攝於二〇一六年）

分隔開保德宮舊廟地與現在廟址的紅磚圍牆（攝於二〇一七年）

原居住於頂社的潘姓家族，不得不在這一系列的搬遷過程裡，尋求族人的生存之道。

記得在二〇一六年夏天，初次來到保德宮，立刻引起我注意的就是，原本宮廟的位置，已經被地主築起一道二十多公尺長的紅磚牆，左側還有一小片的斷垣殘壁。這僅存的廟體遺構，因為不在地主的土地所有權範圍，便被保留了下來，像是一座拆廟之後的廢墟紀念碑。一旁的紅磚牆，標記了土地所有權的界線，狠狠地隔開了保德宮潘姓族人和這一塊土地的關係。這一切問題的起源，還是要回到潘姓族人與保德宮在近半個世紀所經歷的迫遷血淚史。

族人與保德宮的迫遷之路

我們被日本人、現在的政府趕來趕去，但是連學校也這樣對我們。[1]

這是在二〇一〇年，保德宮面臨拆廟的前夕，時任宮主的潘坪城耆老，對著訪問他的新聞媒體控訴。雖然只有短短一句話，卻一語道出族人生存的處境，指向過去日本時代因為政府開採白土礦的搬遷，興建賽馬場的迫遷，戰後國民政府興建淡水捷運線的搬遷，以及當代面對到「侵佔土地」訴訟的拆遷——在連續性的殖民過程中，族人不斷地

中社一帶賽馬場的航空照（出處：《臺灣百年歷史地圖》，中央研究院人社中心 GIS 專題中心。）

一九四〇年十月完工的北投賽馬場，位於北投社中社的舊地，後方即為大屯山群峰。（呂理昌提供）

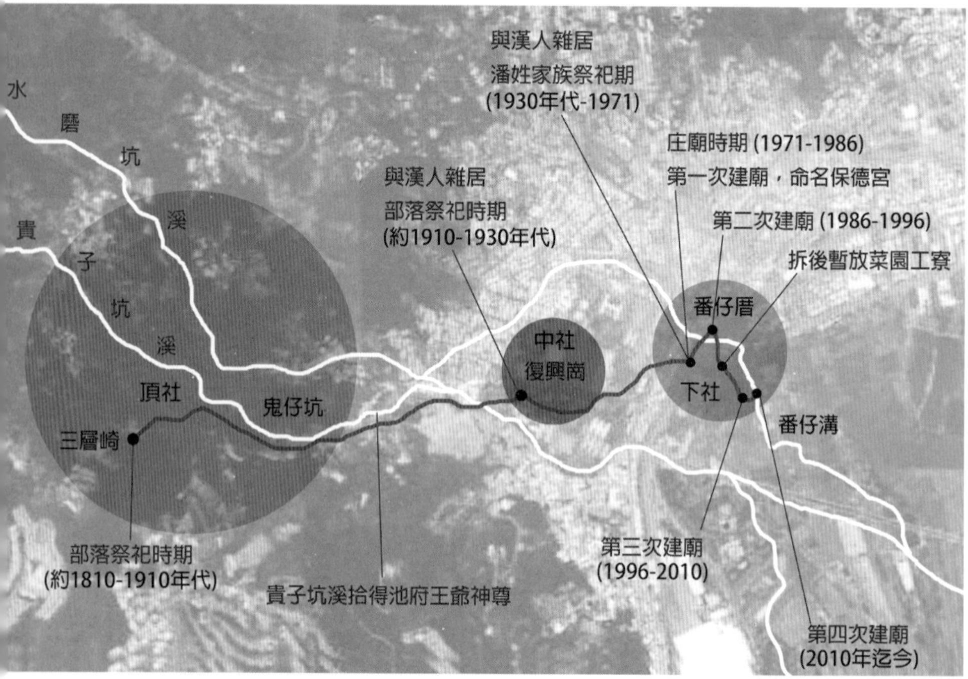

「番仔王爺」在各個時期搬遷的地點圖（筆者製圖）

因各種外在力量的介入，而在自己的土地上流浪。

這一切的起頭，可以追溯至十九世紀初，居住在北投三層崎一帶頂社部落的潘姓原住民，在溪邊意外遭逢了一尊漢人的池府王爺神像——彷彿諭示了接下來的一百多年，族人將會不斷地面臨到外來人群和殖民者的碰撞與衝擊。起初族人經歷了一些神蹟，明白這是一位具有靈力的神祇，並輪流供奉在頂社潘姓族人家中。但是，到了日本殖民時期，日本人為了開挖可供工業用途的白土礦，於是強制徵收族人的居住地，以低價向原住民買下頂社的土地，多數族人被迫舉家搬遷到中社的部

北投番仔厝「保德宮」的神桌，刻有潘姓族人敬獻之字句。（攝於二〇一六年）

一九六七年〈臺北市舊航照影像〉中，淡水捷運線未運行前的番仔厝聚落。（出處：《臺灣百年歷史地圖》，中央研究院人社中心 GIS 專題中心。）

落，也就是今日的復興崗國防大學校區附近。王爺神尊也在流離遷徙的過程中，一併被帶到中社。

潘國良耆老曾回憶起他父親說的往事：日本時代因政府曾想要沒收神像，信眾為了保護池府王爺，便將神像埋藏入竹圍中，再另外雕刻一尊新的神像給日本政府沒收。[2]後來在一九三四年，又因為日本政府計畫要在中社部落的所在地，興建新的賽馬場，[3]居住地被政府指定為賽馬場的預定地，所以族人又再度被迫遷徙到下社的番仔厝。池府王爺便是在這一系列的變遷過程中，從頂社被潘姓家族帶到下社。[4]

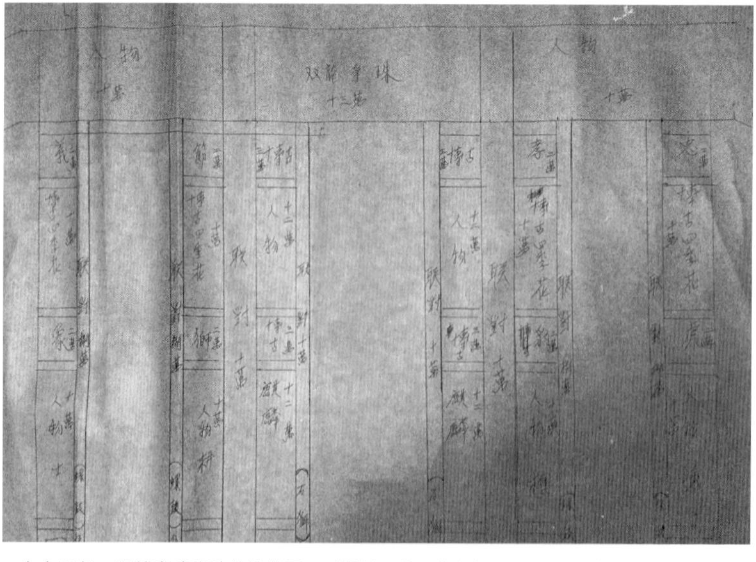

一九九四年，保德宮建廟時的設計圖。（攝於二〇一七年）

番仔厝內的「保德宮」舊址（攝於二〇一七年）

保德宮第三次建廟時的景貌（潘國良提供）

二○一七年，廟方重新整修後的保德宮。（攝於二○一七年）

保德宮內供奉的王爺神尊（攝於二○一七年）

一九四四年，五名潘姓族人集資在番仔厝為王爺建廟，此時仍不允許潘姓家族以外的人參拜。據潘國良口述，族人剛遷來番仔厝、建立保德宮時（位於北投捷運機廠入口處），只是一間寬約六尺的「草厝」，三面牆壁為土磚構成，屋頂鋪設一些乾茅草（此時只有潘姓族人祭祀），後來才改建成漢式廟宇的磚造型制，此為第一次立廟。廟址於現今大業路五二五巷一號住戶，斜對面為北投捷運機廠招牌前方空地。

原本只有潘姓族人供奉的池府王爺，因為遷入番仔厝的漢人漸多，且眾人有感於池府王爺醫病神蹟顯赫，[5]番仔厝居民遂集資並在一九七一年商議建廟。至於廟名，是潘國良的叔公擔任宮主的時代，由乩童依照王爺指示正式命名為「保德宮」。這次的廟址位於現址大業路五二五巷旁之停車場（也曾改建為溜冰場），此為第二次建廟，並成立管理委員會，開始有庄中漢人祭拜。訂下廟名後的第一任宮主，是現任宮主潘國良的叔叔。建廟之初的神桌，今日仍安放在廟裡，神桌下方可見到「潘金堂、潘秋木、潘杉、潘木杞、潘蘭香」等當初商議建廟、集資奉獻的潘姓族人姓名。

一九七〇年代末，因為政府開始進行捷運淡水線的施工規劃與周遭土地的徵收，番仔厝約有三十多戶的居民因為軌道興建工程而被迫遷居，保德宮則在一九八六年時，遷

自二〇一〇年至今，保德宮位於番仔溝上方的鐵皮屋內。（攝於二〇一九年）

至番仔厝大業路五二五巷十二號住戶後方的私人菜園工寮。同一時間，潘姓家族也遷至中央北路沿線之復興崗與忠義一帶散居。之後，有番仔厝信徒願意捐屋建廟，經潘姓家族與庄內漢人耆老商議之後，保德宮管理委員會決議在番仔溝旁重建保德宮，並與當時的地主（十信工商）借地。地主同意之後，保德宮將廟的空間格局擴大興建，但在建廟之時僅獲得該地主的口頭應允，廟方並未持有土地。在一九九五年至一九九六年間，於大業路五一七巷五十八號重建保德宮，合祀池府王爺與土地公神尊，此為第三次建廟。

建立新廟後，宮主一度由漢人陳朝枝

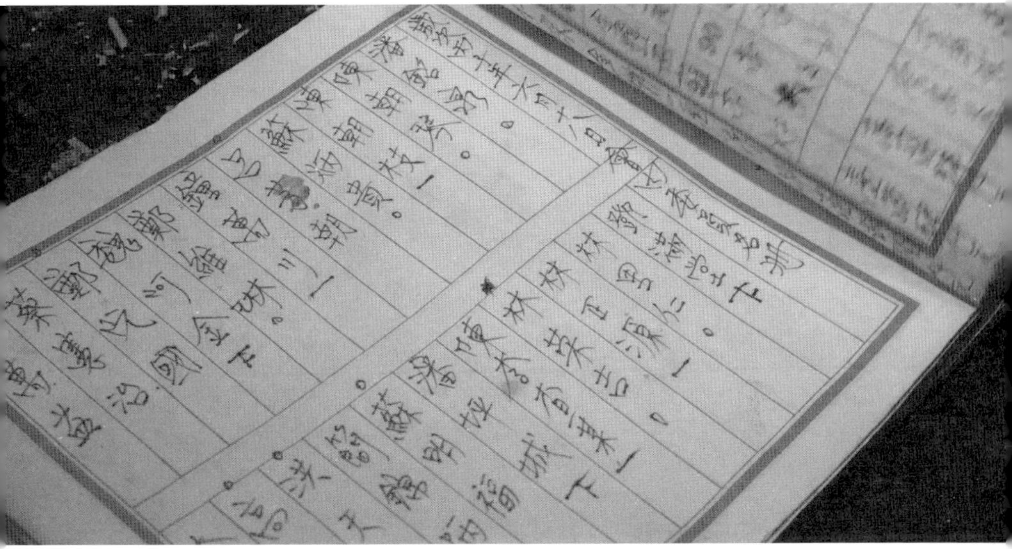

保德宮爐主簿裡的潘姓族人姓名（攝於二〇一九年）

擔任。二〇〇四年，廟地的產權易主他人，新的地主想要討回土地，幾番交涉未果，雙方對簿公堂。一審廟方勝訴、但二審敗訴，在敗訴定讞後，於二〇一〇年十月十三日拆廟，當初募集的百萬建廟資金也付之東流。隨後，地主派人築起二公尺高的紅磚牆，將私人土地圈圍起來。拆廟之後，神像與祭具都暫時置於原廟址旁六坪大的鐵皮屋內，作為保德宮暫時的安身之所，並轉由潘坪城耆老擔任宮主管理廟務。此時，廟址位於番仔溝的水圳上方。直到二〇一三年潘坪城耆老逝世，宮主才由胞弟潘國良擔任至今。

後續在二〇一六年的年底，保德宮管

恭迎關渡宮媽祖千秋聖誕時，保德宮的王爺行宮。（攝於二〇一八年）

理委員會商議重新整修保德宮，將臨時安置神像的老舊鐵皮屋重新整頓。在番仔溝上方的水利用地，進行神靈的安座入廟大典，是為第四次的建廟。在二十一世紀初的前二十年，潘姓族人與其祀奉了百餘年的神靈，仍然在自己的土地上流浪。儘管處境依舊很艱困，卻也逐漸摸索出一條與當前社會形勢的共處之道。

廟境交陪下的原漢合作

直至二〇二四年，每日早上為保德宮開廟門的工作，都是由宮主潘國良負責，而這項工作是無工資的。雖然廟方設有管理委員會，但寺廟並沒有法人化與企業化經營，主要是依靠「信徒捐獻」、與關係較好的宮廟「人力互助」，以及廟務委員之間的友誼、情感信任，作為廟務運作與祭典活動的集結基礎。

雖然近幾年保德宮的信徒與香客減少許多，但宮廟的事務仍在持續運作，每年照常參與關渡媽遶境、南巡參香、王爺聖誕慶典、中元普渡、除夕開廟門等宗教活動，且持續募集資金更換廟內的軟硬體設施。信眾分布的範圍，更已經從過去侷限於番仔厝的居民，到今日遍及三重、蘆洲，北投的復興崗、忠義、關渡和新北投，以及淡水的竹圍、紅樹林等地。不過，潘國良宮主與其家族依然是宮廟的財務經營者，負責宮廟事務、宮內宗教活動的召集者，也是各類慶典從籌備到舉行的主要籌劃者與決策者。

潘國良耆老曾經說過，父親在過世前囑咐他：「王爺公是屬於潘家的，還是要自己家族的人顧」，所以即便沒有薪資，他仍自願無償接下宮主一職。他也曾經講過：「如果這一間廟被迫無處可去，王爺神尊大不了就帶回家自己拜」，如同「家神」一般對待。這顯示保德宮即便是「庄廟」，擁有一定數量的地方信徒和祭祀圈範圍，但潘家人仍保有將其視為「家業」的責任感。

每年恭迎關渡宮媽祖的千秋聖誕、平安遶境活動時，保德宮也會將王爺的「行宮」搭設在番仔厝旁的大業路口——關渡媽遶境的路線上，同時出以「番仔獅」陣頭參與遶境隊伍。每年三月的南巡參香活動，也是由潘姓族人請示王爺要選辦的日期，邀請眾庄民與信徒參與。一年一度的王爺聖誕之時，廟方會在兩天前派遣「番仔獅」獅陣到「淡水清水巖」與「關渡宮」，邀請清水祖師爺和媽祖至保德宮作客，並在聖誕當天請戲班演出布袋戲娛神。除此之外，也會邀請番仔厝庄民和信徒前來聚餐吃飯，共同請示王爺遴選年度的「爐主」。爐主選出的方式，是在王爺聖誕慶典當天晚上，由有意願的人士在神壇前擲筊決定。歷任的爐主中，潘姓族人與漢人信徒皆有。雖然多數祭典的細節，與一般漢人的王爺信仰祭儀略同，但唯有「番仔獅」存在些許的差異。

「番仔獅」的傳承

北投保德宮的「番仔獅」，又稱「番仔厝獅」，這個名稱除了是長久以來地方上用來區別與其他廟陣獅團的辨識用語之外，實際上還涉及到區域內人群認知的差異性，以及漢人民俗祭儀在淡北地區生根發展的特殊歷史脈絡。臺灣早期的舞獅活動，是明清時期從中國福建、廣東沿海一帶的閩客移民所帶來。雖然，平埔族原住民參與到舞獅文化的確切時間已不可考，但可以確定的是，與漢文化的接觸有直接關係。池府王爺神像在百餘年前由部落族人撿到、帶回部落內祭拜時，潘姓族人並沒有完全承襲漢人的整套信仰儀式。現今保德宮的「番仔獅」，在池府王爺的信仰中是漸進式發展而來的。

從現有的歷史圖像資料可以看到，英國的旅行者格利曼尼（Edmund H. Grimani）在一八九〇年時於《英國倫敦畫報》，報導了一些他在臺灣所觀察到的民俗文化活動。有趣的是，畫報中描繪排灣族人到屏東的萬金看漢人舞獅，旁邊是萬金的平埔原住民敲鑼奏樂的情景。格利曼尼以版畫的方式，記錄當地原住民族人與漢人舞獅文化的互動。另外，日本人類學家鳥居龍藏來臺調查期間所拍攝的一張照片，也有記錄下南投埔里地區的平埔族原住民正在舞獅與敲擊鼓樂的景象。[6]

不單只是原住民曾在歷史上單向地參與漢人的舞獅活動，淡北地區的「番仔獅」也有漢人成員參與其中。更進一步來說，獅團的組成與發展，除了反映潘姓族人與保德宮的歷史淵源，甚至強化了番仔厝在地方廟陣文化當中，舞獅技藝及表現方式的特殊地位。「番仔獅」最早可以溯及至一九四〇年代末，據現任宮主潘國良的說法，其父親潘德旺是從中國大陸來的廟陣技藝師傅那裡學習獅步的舞法，並開始接觸到地方廟陣的活動。

二〇〇二年時的「番仔獅」（潘國良提供）

潘德旺大約在十八歲時，與番仔厝庄頭的年輕人（有漢人、平埔族後裔）一起去桃源福德宮（位於現復興崗捷運站與中央北路交叉口旁），與來自嗄嘮別庄的青年共同向來自中國，綽號為「麻糬師」的師傅學舞獅與打拳。當時獅團名為「嗄嘮別英聯團」，由附近嗄嘮別庄幾個庄頭的人組成，常常配合廟會慶典出陣。後來的出陣，漸漸以來自番仔厝的成員居多，於是番仔厝決定成立自己的獅團，最初取名「北投英藝二團」。[7]後續在一九八五年，保德宮的獅團也正式將團名訂為「北投番仔厝英藝金獅團」。

潘國良宮主也在十七歲的時候，開始

二〇一七年時的「番仔獅」陣頭（攝於二〇一七年）

和父親學習如何舞獅。他還記得小時候，當時庄頭的娛樂有限，晚上有空、有興趣的人就聚在一起學舞獅、練拳，弓箭步、丁字馬為基本的腳步，先學獅頭再學獅尾，學習的就是番仔厝保德宮自行改良的獅步。[8]後來，潘姓族人自己著手從事獅面的塑形、糊紙模、上顏料到模型的製作，生產自己宮廟所需的獅頭。此獅陣是以地方信仰為基礎，由潘姓族人與當地漢人信徒組成，至今已傳承到第三代。

「番仔獅」從獅頭的形式來看，屬於傳統北部開口獅的類型，但不同於客家開口獅的造型（獅頭略成正方體，凹凸分明，額頭寫上「王」之字樣），較偏向閩式的開口獅。「番仔獅」的獅面上只有三面鏡子，獅子的前額也較圓，不太厚重凸出，面部圖騰較為平扁，在前額上方的八卦、七星與火焰圖騰則與一般的獅頭差不多。獅牙仍是用金屬刀片製成，並沒有改成竹木材質。製作好的獅子同漢人舞獅一般，必須經過開光，並在額上貼上兩道符咒。傳統上，地方廟陣裡的漢人獅舞方式，一般都是在鞭炮放完後開始跳，但「番仔獅」是在鞭炮開始放時就跳。雖然每個獅陣都有其自成一套的鼓樂與獅步，但地方漢人廟陣之間相互交流、彼此影響的結果，其實看不出來太大差異，只有「番仔厝」與其他地方獅陣的舞法有明顯的不同。

一般開口獅的嘴巴可以上下開合，透過擺動即可發出聲響，而這個聲響在番仔獅陣中非常被重視，甚麼時候發出聲響，以及聲響的次數都必須被控制好。特別是在舞獅的過程中，獅頭回正上提時，再往左斜側下壓，腳會連續往後踩三步。每踩一步，獅嘴的開合一定只能有「啪、啪」兩次聲響，也要求舞獅者必須表現出凶狠的氣勢，不能讓獅嘴因為舞步時的晃動而無節制地出聲。在舞法上，對每一個踏步的位置、步形都有相當嚴謹的要求，在動作上的細微之處也須確實到位，包括獅頭要在何時回正、前後兩人每個動作和步伐必須一致，以及獅尾配合獅頭擺盪的動作來確保整體動作的協調。尤其是

上：保德宮進香時的獅團旗幟（攝於二〇一八年）
下：保德宮進香時的隊伍（攝於二〇一八年）

保德宮潘姓家族與漢人信徒進香時的合影（攝於二〇一七年）

透過獅頭回正這個特殊的動作——據潘國榮耆老口述，這是保德宮自己改良過後的獅步——可使獅步在往前行的過程中不會往左右偏移，也較尊敬神明：

> 我們會發展出這樣的舞獅動作，是因為保德宮看到別人的獅步在舞動的時候，步伐都會一直斜偏，感覺對神明不敬。[9]

近年來，保德宮「番仔獅」獅陣與其他地方信仰社群的互動過程，也可以看到潘姓族人、漢人信徒與其他廟陣團體的合作關係。二〇一七年至二〇一八年保德宮的南巡參香活動，就分別與「淡水鬥陣聯誼會」、「大屯清天宮」的漢人信徒在遶境陣頭中進行合作，潘姓家族負責行程的規劃、請示問神南巡的日期，漢人信徒則是負責南巡參香的細項，包含請神尊上車、過爐、拿旗幟等事務。二〇一七年「北投玉玄宮」玄天上帝的進香活動，則是邀請保德宮的「番仔獅」出陣協助。該年的「關渡太子會」中壇元帥的遶境活動，保德宮也出陣協助。二〇一八年，保德宮參與北投關渡媽聖誕的遶境活動中，「番仔獅」的獅陣與「大屯清天宮」的鼓陣一起出團。同一年的王爺聖誕慶典，不同於以往是由廟裡信徒出陣迎神，這次則是請來大屯清天宮的鼓陣出團，至「淡水清水巖」迎請清水祖師與「關渡宮」的媽祖神尊至廟裡作客。這些都體現出保德宮潘姓族人在參與地方廟陣、社群中的綿密互動，進而開展出一種不同於當代原住民族群復振運動的社群集結力量和組織型態。

換句話說，保德宮潘姓族人在地方廟陣與信仰社群中的互動方式，不僅是北投地區廟宇之間的「交陪」活動，在「番仔王爺」與「番仔獅」的名稱標籤下，是一種包括原漢人群、宮廟文化、民俗技藝、廟陣社群合作等更廣泛的連結網絡。因此，若不以族群認同的角度，而以區域內的廟境交陪關係來看，保德宮的王爺信仰既維繫了部分潘姓族人的凝聚力，同時也透過保德宮的廟務運作、「番仔獅」獅陣的辨別性，持續以一個自身清晰的族群身分界線，擴展與漢人在廟陣活動上的關係，而非只是在漢人廟陣文化當中，淪為被漢人同化的一般信眾。

近年來，「番仔獅」因為時常出陣，與其他北投、淡水地區的廟宇陣頭相互支援，在舞法與技藝交流的過程當中，「番仔獅」的獅步也影響到其他廟宇陣頭，甚至已經有擴散到北投、淡水地區其他宮廟的現象。不僅如此，保德宮「英藝金獅團」在二〇一八年的關渡媽祖遶境活動當中，更進一步地由保德宮的信徒與北投大屯清天宮的人員一同組織獅陣，以保德宮的名義出陣。「番仔獅」不同於「番仔王爺神像」是歷史較久的古物，而是平埔族朝向漢文化信仰的趨同過程中所產生的文化物。儘管「番仔獅」也是由漢人這一端所命名，但從獅步與身體舞法的角度來說，是平埔族原住民在這個趨同過程中所產生的差異，而不單純只是汙名話語層次的指稱。

我感覺，地方上漢人稱其為「番仔獅」，除了最明顯的獅頭造型差異，以及舞法上的不同，也可能是原住民族人在面對外部文化壓力時的自我變異，以及地方漢人廟陣文化對於這種變異的重新指認。雖然「番仔獅」一詞隱含地方漢人社會與強勢文化的汙名

潘姓族人敬獻的「北投番仔厝英藝金獅團」旗幟
（攝於二〇二〇年）

今日的北投番仔厝聚落（攝於二〇一六年）

意味，用以區別自我與他者的關係，但反過來說，這也意味著潘姓家族並非完全接受外部文化或「被漢化」，而是在文化的表現上仍能與其他漢人陣頭有所區辨。這些對細節動作與身體力道、掌控獅頭的重視，很容易與其他廟陣形成視覺張力上的差異，而為地方上的人們所輕易辨認。

雖然，保德宮的潘姓家族鮮少一起參與晚近凱達格蘭族裔的正名運動，可能被誤認為是自我選擇與外界隔絕，但是族群運動的政治論述與話語邏輯、訴求的理性意識所造成的排他性、族人本身的社會位階與經濟條件，可能才是保德宮族人相對不這麼積極參與的原因。

這不禁讓我想到，源自於一九九〇年代初期的臺灣原住民族正名、文化復振運動，與當前凱達格蘭族一系列的尋根活動有一定的關聯。至於在一九八八年三月的〈臺灣原住民族權利宣言〉中，要求政府應該對於原住民族的「生存權、工作權、土地權、財產權、教育權、自決權、文化認同權」有所保障，更指出原住民族在文化與社會、歷史層面皆不同於「漢人」。這種強調民族本質性差異的論調，之後就以不同形式出現在原住民族運動或攸關原住民族的論述中。[10]凱達格蘭族的復振運動文章與坊間一些著述資料等，[11]大多都明顯地延續這種民族論述的邏輯，預設一種同質性的「族群」單位，進行各地區的歷史記錄與族群文化現狀的描述。經過近幾十年族群認同、身分回溯運動的興起，以及民族認同話語的傳遞，原本北臺灣地區的巴賽族、雷朗族及龜崙族後裔的認同，似乎已經併入「凱達格蘭族」當中，猶如對「族群認同」的再形塑與再整合。

換句話說，這是一種重新集結集體力量，以及群體政治動員的族群運動策略。但是，「凱達格蘭族」所給予的族群認同模式，似乎無法細緻地深入到目前已經分散化，甚至形成另一種文化習慣的族人，被這群族人所認識。更直白地說，這套論述無疑因為「民族論述」強調的本質性，而導致弔詭的排他性，難以被其他仍然存在，但無法相互理解

位於北投社頂社舊地的貴子坑溪上游一帶（攝於二〇一八年）

彼此在當代生活條件下有所差異的凱達格蘭族裔所參與。至少就我自己的訪問中，在北投已舉辦數次的「凱達格蘭年祭」，保德宮的潘姓家族並沒有參與，反而關注於目前的宮務與祭儀活動。

保德宮的潘姓族人未曾直接地參與當代凱達格蘭的族群文化復興運動，但是這個持續以潘姓家族為主體的宮廟運作，不僅維繫了潘姓族人的凝聚力，也仍保有某種事務運作的自主性。在不斷地與政府進行宮廟土地協商、王爺信仰口傳敘事的形塑，以及文化技藝的交流層面，逐漸形成一種特殊的組織面貌，既使廟陣以不同的技藝形式，參與到了漢文化為主的宗教祭儀中，也與廟裡的漢人信徒形成深刻的情感與互助關係；甚至在「北投二十二號公園」爭議的討論會上，潘姓族人除了親身參與，也委託漢人朋友（也是保德宮的委員）代為參與平埔族群議題的討論，表示族人已經接納該名漢人，作為北投社後裔及保德宮的發言代表。這些都反映了潘姓族人與漢人信眾在長時間互動過程中，持續摸索家族與他族、宮廟組織與其他官方、非機構及地方社群的交往方式。

儘管以「族群」為單位的文化與歷史視野，仍然是當代平埔族原住民正名運動、文化復振運動之中，聯繫彼此力量與建立認同基礎的重要著力點，也同時是與國家協商的政治基礎。但是，目前多數研究者對於保德宮的觀察，大多都是傾向於「漢化」的結論，例如「臺北市北投區豐年里的王爺廟，為凱達格蘭族北投社的漢化信仰場所」；[12]「保德宮的建醮儀式與其他廟宇無異，並未存留任何與平埔族原住民相關的祭祀儀禮，可說完全漢化、道教化了」；[13] 認為保德宮「因漢化極深，所剩文化資產有限，幾近消失」。[14] 歷來的描述也可能無形中支持著這樣的論點：「保德宮池府王爺的生日為農曆六月十八日，會邀請關渡宮、大龍峒保安宮等神明前來作客，也會請道士前來替神明祝壽，其儀式和一般漢人的神明生日並無二異。」[15]

從一九九四年的廟宇設計圖、二〇〇二年保德宮自藏的舊照片，以及在二〇一八年所拍攝的保德宮舉辦各式祭儀活動的影像中，[16]祭典儀式行為確實已經承襲了漢人的科儀，也呈現其「接受」了漢人傳統廟宇建築的符號與圖騰。文史工作者林衡道在一篇一九六二年的文章就提到：「當天的祭品有五牲、紅龜粿、香蕉、蓮霧等，還有為數不少的大小糕仔龜，大者龜甲部分竟直徑就有三尺，甲上並有五彩糖帽做裝飾。」[17]文化研究者董詠祥也在一篇研究論文裡寫道：「北投社一帶原是原住民凱達格蘭族居住的所在，由於漢人移入開墾以及後來拓墾的種種原因，逐漸導致平埔族原住民外移或被同化，其文化也趨於消失」，[18]認為保德宮的王爺信仰早已完全受到漢人文化的影響，而與漢人信仰並無差異。

但是，過去人們認為保德宮的文化祭儀皆已經「被漢化」的論調，卻無法捕捉到當代潘姓族人的生存狀態。「番仔獅」所顯露出的辨識度與差異性，不是文化層面的族群區別，而是在實際的原漢互動過程中，呈現出一種隱而不顯的「自為性」（for-itselfness）：潘姓家族清楚地意識到自身於當代社會的存有條件，並且將平埔族原住民所能展現出的文化特性，在各種地方人際網絡的細緻關係與組織形式中體現出來。特別是潘姓家族與漢人信眾之間的互動關係，裡面富含了各式的情感因素與信任關係，既能夠辨識彼此原漢身分的差異，又能夠在保德宮的組織架構中，共構出複雜的合作關係，這是紙筆所難以言喻的。

作為一位「遲到者」，我並沒有親身參與到二〇一〇年的「拆廟」事件，但後續卻不斷見證、經歷保德宮在拆廟之後，所遺留未解的各種問題。我也聽過一些質疑的說法，認為保德宮的潘姓族人，沒有積極參與當代的平埔族原住民復振活動，就是他們主動放棄了追求自身利益的權利。甚至有批評者認為，他們委託廟裡的漢人信徒代理參加這一類的活動，也是不積極爭取族群發言權的表現。不過，沒有親身參加社會運動、抗議和公聽會等這一類短暫的事件型陳抗活動，並不代表沒有對社會及歷史形成影響的後延力量。在我看來，保德宮從事的是長長久久的「點滴工程」，並不急於一時的呼喊口號和政治宣稱，反而切實地在人地關係產生失衡、鉅變與再調適的過程，一點一滴地重新拾回自我療癒、修復和重建的柔性力量，在地方社會中產生其深層的作用力。

「番仔獅」也迫使我從中反思，以單一「部落」作為復振的空間單位，或是以一種整體性意涵的「族群」集結想像，作為凝聚政治協商力量的話語策略，很可能都忽視了復振方法與形式的多樣性，乃至忽略了復振實踐中更為核心的要素：由原漢混融而生的神靈，及其所維繫的「靈力」作用。因為，我們以為「被漢化」的平埔族原住民，卻在當代透過神靈信仰的方式來維繫自身的社會能動性，甚至在當代的族群復振當中，「靈力」的維繫與復振，也是凱達格蘭族人重新找回自己名字的重要方式之一。

保德宮「番仔獅」的獅頭（攝於二〇一六年）

註1：呂淑姮，〈凱族史跡瀕危 北市：無能為力〉，《臺灣立報》（二〇一〇年八月二十三日），網址：http://halfpluto.blogspot.com/2015/04/blog-post_730.html。

註2：林芬郁，〈平埔族聚落之遺跡見證：北投保德宮〉，《臺北文獻》第一六三期（二〇〇八年十月），頁一〇四。

註3：林芬郁，〈平埔族聚落之遺跡見證：北投保德宮〉，《臺北文獻》第一六三期（二〇〇八年十月），頁一〇三。

註4：董詠祥，《化番為神：番仔信仰的考察》（臺南：國立臺南大學臺灣文化研究所碩士論文，二〇一二年），頁一一〇。

註5：林芬郁，〈平埔聚落遺跡的見證：北投保德宮的番仔王爺與「平埔社」土地公〉，《原住民文獻》第三期（二〇一二年六月），頁十八。

註6：梁廷毓，〈北投番仔厝保德宮的「番仔獅」之歷史初探〉，《人類學視界》第二十二期（二〇一七年十月），頁五十二～五十五。

註7：劉姍姍，〈番仔厝的「獅」代傳承：從保德宮出發，考察北投舞獅的人群交流與時空變遷〉，收於《巫地北投：一個生態文史走讀》（臺北：財團法人邱再興文教基金會，二〇二一年），頁五十九～六十。

註8：劉姍姍，〈番仔厝的「獅」代傳承：從保德宮出發，考察北投舞獅的人群交流與時空變遷〉，收於《巫地北投：一個生態文史走讀》（臺北：財團法人邱再興文教基金會，二〇二一年），頁五十五～五十六。

註9：筆者訪談，〈潘國榮耆老口述〉，二〇一七年十月。

註10：陳文德，〈原住民族與當代臺灣社會〉，《臺灣學系列講座專輯（二）》（臺北：國立中央圖書館臺灣分館，二〇〇九年），頁一六五。

註11：相關文章可參見劉還月主編，《尋訪凱達格蘭族：凱達格蘭族的文化與現況》（臺北：臺北縣立文化中心，一九九八年）。

註12：參見維基百科，「番仔厝保德宮」之詞條。網址：https://reurl.cc/LWzD5L。

註13：林芬郁，〈平埔聚落遺跡的見證：北投保德宮的番仔王爺與「平埔社」土地公〉，《原住民文獻》第三期（二〇一二年六月），頁十九。

註14：廖靜蕙、陳錦桐，〈神明落難？保德宮拆遷 凱達格蘭族人攔阻未果〉，《環境資訊電子報》（二〇一〇年十月十四日），網址：https://e-info.org.tw/node/60087。

註15：林芬郁，〈平埔族聚落之遺跡見證：北投保德宮〉，《臺北文獻》第一六三期（二〇〇八年十月），頁一〇三～一一五。

註16：相關影像紀錄可參見：梁廷毓，《二〇一七年北投番仔厝保德宮南巡參香》，網址：https://www.youtube.com/watch?v=9Ja4aTWwh2E&t=271s；梁廷毓，《二〇一八年保德宮南巡參香》，網址：https://www.youtube.com/watch?v=9Ja4aTWwh2E；梁廷毓，《二〇一九年保德宮南巡參香》，網址：https://www.youtube.com/watch?v=OhSjCAIUD_o&t=5s；梁廷毓，《二〇二三年北投番仔厝保德宮南巡參香》，網址：https://www.youtube.com/watch?v=UUx65fK_xbQ&t=1837s。

註17：林衡道，〈北投「番仔王爺」的祭典〉，《臺灣風物》第十二卷第四期（一九六二年八月），頁七。

註18：董詠祥，《化番為神：番仔信仰的考察》（臺南：國立臺南大學臺灣文化研究所碩士論文，二〇一二年），頁一一二。

復振

祖靈的歸返

伍

　　二〇一八年九月，正值農曆的中秋時節，陽明山擎天崗大草原上的天空清朗、氣溫涼爽，一旁「嶺頭喦福德宮」廟埕前面，除了前來拍照、打卡的遊客之外，有一位老者的身影，特別引起我的注意。他沒有先將帶來的供品，放在福德宮的供桌上，而是先繞到福德宮後方的小徑，祭祀多數人都不知道的「山神祠」。這座「山神祠」由石頭切砌而成，祠裡刻有一個「山神」字樣的石碑。小祠就位在福德宮正後方的坡地上，平時少有人煙，但從兩座廟的位置來看，應該是早期先設這座「山神祠」，後人才在小祠前方修建新的福德宮。

　　我出於好奇，上前和老者攀談，一問

陽明山擎天崗大草原一景（攝於二〇一六年）

之下才知道，那位老者姓林，他的祖先在清帝國時期，就是從士林一路翻山越嶺到擎天崗這裡，再到附近的大油坑一帶，從事看守硫磺坑的工作，之後幾代人，也有在陽明山種茶一段時間。子孫從那時候開始，每年都會前來此地祭祀。當下直覺可能是毛少翁社的後人，但老者並沒有提到，我也就沒再繼續追問下去。後來，從任職於陽明山國家公園管理處的呂理昌先生那邊得知，早年他在擔任擎天崗管理站主任時，確實有訪問到更老一輩的人，自稱是平埔族原住民的後裔，他們現在已搬遷到士林街上居住，但世世代代都有前來此地祭祀的習慣。

陽明山擎天崗的「嶺頭嵒福德宮」（攝於二〇二〇年）

這一座「山神祠」，原來是毛少翁社族人的傳統泛靈信仰嗎？祂被漢人冠上「山神」的名字之前，是否還有更早以前的族名？很遺憾地無法知曉。但是，這座山對於早期生活在附近的原住民族人而言，是一處有「靈」的場域，應該不會有錯，所以才會維繫了至少百年以上的祭祀關係。不知道是否為巧合？或是祖靈在冥冥之中的助佑？晚近隨著凱達格蘭原住民族群復振運動的興起，也逐漸出現基隆、北投與士林一帶的凱達格蘭族裔，將臺北大屯山系中的七星山一帶宣稱為「聖山」的記憶。這一切召喚原住民祖靈的行動，要從二十世紀末凱達格蘭族的復振運動說起。

「嶺頭嵒福德宮」後方的山神祠（攝於二〇二〇年）

凱達格蘭族裔的奮起

儘管許多凱達格蘭族的後裔今日仍散居於淡北地區，但是當漢人的街庄在此地全境擴散的時候，以土地為根基的部落生計型態，似乎已經不再可能存續。晚近的外來人口與城市建設計畫不斷增多，高度的都市化，似乎注定讓族人心中的「部落」難以復現，以至於從原本的物理空間，逐漸轉化成一種「保存族人歷史記憶」的精神空間；過去原漢人群之間的界線，已經從土地、領域的物理層面進行協商和反抗，在當代轉而進入某種身分、記憶及心理、精神思維空間的運作，藉以作為抵抗權力與遺忘的實踐。

淡北地區原住民族的部落領地、信仰祭儀與語言的流失，以及原住民和漢人群體之間的通婚關係，從清帝國統治以來就逐漸產生，日治時期面臨的土地流失與經濟條件弱勢所造成的生存問題更加嚴重。即便日治時期戶口調查簿裡的種族欄位，仍然保有「平」（平埔族）或「熟」（熟蕃）的註記，但進入到戰後時期，中華民國政府以平埔族群過於「漢化」為由，透過行政命令的方式硬生生地取消他們的原住民身分，眼中完全沒有平埔族的存在。[1]

山神祠內的石刻牌位（攝於二〇二〇年）

二十世紀對凱達格蘭族人而言，來自漢人主流社會的同化壓力仍然持續進行。從日治時期到戰後時期，現代化的生活與教育型態，對族人的衝擊程度也更為加劇。根據社會學者葉高華的研究，臺灣的平埔族群在一九四五年之後，喪失原住民身分的主要原因，推測共分為三種：一種是「排除論」，是指中華民國政府取消平埔族人的原住民身分，或至少未讓他們取得原住民身分；第二種是「放棄論」，認為平埔族人長久以來遭受漢人社會的汙名化，已經不願再被貼上「番」的標籤，所以放棄登記為原住民身分；[2]第三種是「行政疏失說」，認為政府沒有做好相關的行政通知與登記事務，導致大多數平埔族人並不知道可以登記為原住民。[3]無論是哪一種原因，都有待進一步的研究。

一九五六年，臺灣第一次戶口普查之後，在統治者的族群治理之眼底下，偌大的淡北地區已經不存在任何原住民族人的身影。但是，在漢人的民間社會之中，不只仍然有我族與他族之間的明顯區隔，一股社會排除（social exclusion）的力量依舊在默默運作。在一九四〇年至一九六〇年出生的平埔族裔，在學校同學、街坊鄰居之間也時常遭受漢人歧視，被刻意冠上「番仔」、「番仔囝」或「番仔王」的稱呼。這些輕蔑的語詞，許多漢人與平埔族裔仍然記憶猶新。同時間，因為各項國家的基礎工程或建設，平

二〇〇二年的「刺桐花開平埔文化祭尋根活動」（呂理昌提供）

埔族人的遷徙流離也從未停歇。以一直以來都較完整被保留的下社聚落為例，到了一九六二年左右，七十二戶居民當中僅存留六戶的潘姓人家，[4]其餘族人不知去向。一九八八年之後淡水捷運線工程開工，徵收下社的土地作為捷運沿線綠地之用，僅剩的幾戶潘姓人家也遷至他處居住。

進入到一九九〇年代，隨著臺灣本土意識的興起，凱達格蘭族的歷史逐漸受到政府重視。臺灣社會的原住民運動也如火如荼地展開，包括太魯閣族「還我土地運動」、「反國家公園運動」，蘭嶼達悟族「反核廢料運動」，以及近幾年邵族、噶瑪蘭族等族群的「正名運動」。在族群意識高

二〇〇二年「刺桐花開平埔文化祭尋根活動」中，凱達格蘭族人在北投丹鳳山上的祭祖儀式。（呂理昌提供）

漲的推波助瀾下，使族人們幾近遺忘的傳統文化與認同、信仰，得以被再度喚起。至於淡北地區原住民族歷史與記憶的重建，也成為當地族人首要面對的問題。

一九九四年六月二十三日，原住民族舉行「爭取『正名權、土地權、自治權』入憲大遊行」，平埔族原住民也一同走上街頭。在北臺灣地區，凱達格蘭族群意識的萌發，和發生在一九九四年七月的「反核四廠興建運動」、「三貂社文化遺址保存運動」有緊密關係，其中也不乏北投社、嗄嘮別社與毛少翁社後裔族人的積極參與。當時提出凱達格蘭族群文化復振論述的主要人物，是北海岸貢寮三貂社的林勝義、潘耀璋與北投社的潘慧耀耆老等人。他們先後成立了「臺北市凱達格蘭協會」與「臺北縣凱達格蘭協會」，舉行「凱達格蘭古蹟巡禮與重返登陸地」的活動。而後，在一九九六年三月二十一日，臺北市的介壽路改名為「凱達格蘭大道」，更名典禮中也融合凱達格蘭族的迎神、祭舞的儀式。從今日回望一九九〇年代，對諸多平埔後裔來說無疑是關鍵轉折的十年，甚至為二〇〇〇年之後的復振運動打下基礎。

二〇〇〇年「臺灣平埔原住民協會」成立，包括北投社在內的凱達格蘭各社族人

二〇〇二年「刺桐花開平埔文化祭尋根活動」一景（呂理昌提供）

「開基地：尋根、走鏢、祭祖、跳戲、會飲」系列活動中，在北投丹鳳山上祭拜祖靈的祭品。（呂理昌提供）

參與全國性的平埔族群正名運動，潘慧耀和陳金萬都曾任該協會的秘書長。後續更和潘耀璋耆老等人共同發起數次進入核四廠區內的三貂社「祖靈地」，舉行掃墓祭祖的尋根活動，規模最大的一次人數約有四百多人參與。[5] 接著，北投社的後裔族人林正雄、潘慧耀和潘慧安耆老等人，也在中央研究院歷史語言研究所潘英海教授等人的協助下，於二〇〇二年至二〇〇三年分別舉辦「凱達格蘭族地·刺桐花開平埔文化祭·尋根會飲」，以及「開基地：尋根、走鏢、祭祖、跳戲、會飲」系列活動等，廣邀淡北地區各部落的後裔族人參與。

這一系列活動所訴求的，都是身分正

潘姓族人參與「北投二十二號公園」的正名工作坊（攝於二〇一七年）

名、族稱的復名與原住民權利的返還。除此之外，同樣在二〇〇二年，還有「凱達格蘭文化館」於北投成立；二〇〇五年，則有「凱達格蘭基金會」成立。包含「凱達格蘭大道」、「凱達格蘭文化館」和「凱達格蘭基金會」的命名、成立與討論過程，都有淡北地區凱達格蘭族人的積極參與。

二〇〇九年五月二日，全臺各地三千多位平埔族人走上凱達格蘭大道，要求政府還給平埔族原住民身分未果之後，二〇一二年八月九日「世界原住民日」，大約四十位的平埔族裔，包含西拉雅族、巴宰族、噶哈巫族，以及凱達格蘭族人，再次前往凱達格蘭大道，要求政府歸還他們原

北投社三層崎公園尚未建造前的景貌（攝於二〇一七年）

住民族的身分，仍沒有得到政府正面回應。二〇一四年，噶哈巫文化協會、平埔權益促進會、北投社後裔潘慧安發起「抗議馬江集團消滅原住民族：為平埔正名發聲」聯名記者會，期望平埔族群的原住民地位獲得政府承認，依舊未獲政府重視。

不過，在二〇一六年政黨輪替之後，情況開始有所轉變。同年十二月，由總統府成立的「原住民族歷史正義與轉型正義委員會」，由北投社的後裔陳金萬擔任平埔族群（北區）代表，持續積極推動平埔正名事務。除了正名運動之外，地方上的藝文機構舉辦的文化活動，北投社後裔也時常受邀參與。例如，二〇一七年二月，

保德宮的林明義耆老（中）與新北投教會的潘慧安耆老（右），正仔細聆聽政府部門人員講述「北投二十二號公園」預定地的規劃案。（攝於二〇一七年）

在凱達格蘭文化館的《咱擺佇遮：基隆河畔平埔族人的鄉思》展覽，以基隆河流域的部落尋訪為背景，以影像紀錄的方式呈現毛少翁社、北投社、塔塔悠社、里族社等不同年齡層的凱達格蘭族人。

同年的十二月，則是以北投社族人為主體的「北投社文化守護聯盟」，向臺北市政府爭取「北投二十二號公園」之正名案。當時，北投區公所邀集北投二十二號公園預定地之周邊里長及民意代表，辦理公園的命名會議和工作坊，原本預定命名為「北投三層崎公園」，但凱達格蘭族人主張，三層崎原來屬於北投社的部落範圍，也是北投社的傳統墓葬地，應該以「北投

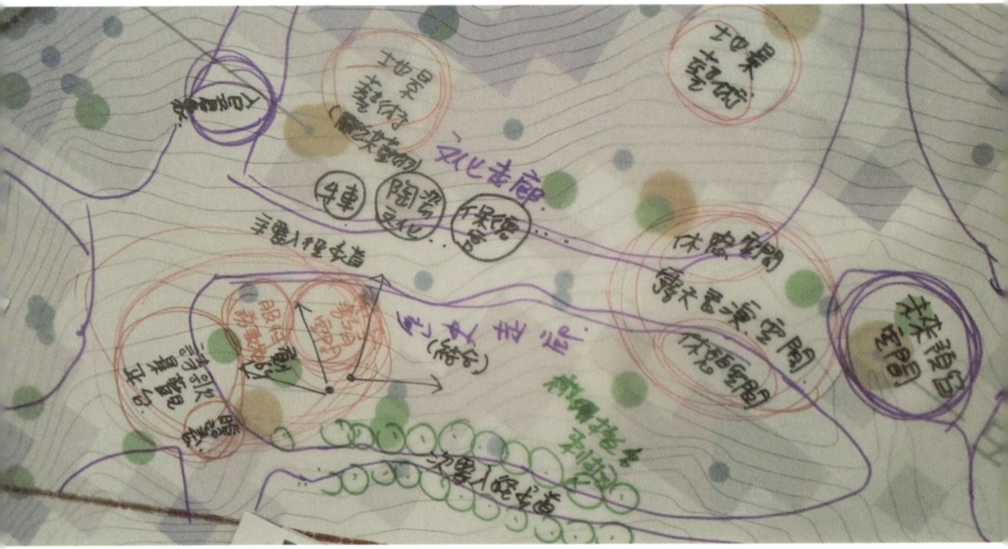

潘姓族人在「北投二十二號公園」的正名工作坊所繪製的公園空間規劃草圖（攝於二〇一七年）

正名、完工後的「北投社三層崎公園」一景（攝於二〇二〇年）

社文化公園」來命名。保德宮在期間共參與兩個場次的會議，第一次是潘國榮耆老代表參加，第二次是廟裡的副主委林明義耆老和我一同前往。林明義耆老也在現場明確表達，希望保德宮的歷史故事，可以成為未來公園內之公共藝術的一部分：

我雖然不是北投社的人，但我出生在嗄嘮別庄頭，從小就在北投長大，也很認同北投社的歷史。保德宮的潘氏兄弟（潘國良、潘國榮）是我很好的朋友，所以我今天站在這裡，是要來為我們保德宮發聲，希望未來這一座公園裡，可以有一面牆，寫下我們保德宮的歷史，讓更多人知道。

「北投二十二號公園」的公園正名工作坊當中，我還和林明義耆老，以及來自「自立長老會新北投教會」的北投社後裔陳金萬、潘慧安與其妻潘梁芬英耆老，一同在地圖上草擬、規劃和討論公園的未來藍圖。在場還有其他五組由地方居民組成的團隊，但經過一輪上臺報告之後，僅北投社後裔參與的這組，將北投社的歷史元素規劃進公園的公共設施之內；其餘的組別，不是希望遊樂設施多一點，就是期待公園的各種硬體設施可以「高級一點」。多數漢人對於這一座公園的所在地：北投社的傳統社域、文化和歷史，呈現一種極深層的遺忘和忽視。

保德宮廟牌一景，右側的平埔社土地公立牌，為筆者參與《流浪的土地公：北投社保德宮的神明地誌學》展覽時製作。（攝於二〇二〇年）

也許在一般人眼中，這就是地方居民自由表達意見的場合，不過在我看來，其實是北投社族人在奮力抵抗「定居型殖民」的抗爭現場。後續經過族人多次的積極抗爭、表達意見，與地方漢人居民和政府部門多方協商之後，雖然沒有徹底實現北投社族人當初規劃的藍圖，但至少在公園的名稱上，最終折衷命名為「北投社三層崎公園」，在此地留住北投社的名字。

然而，針對族人的挑戰還未結束。接著在二〇一八年十月，因為前立委蔡正元在「孫文學校」的臺灣史課程記者會上宣稱「凱達格蘭在臺灣不存在」的言論，引起凱達格蘭族人的抗議。陳金萬則發動連署，並撰文表達不滿。在淡北地區十三個部落後裔代表人與凱達格蘭族文化復振團體的連署名單中，北投社後裔即佔了四位（自立長老教會新北投教會潘慧安、番仔厝保德宮頂社後裔潘國良、北投社文化守護聯盟陳金萬、北投社後裔翁正德），[6]顯見各族裔之間的積極串聯與行動力。

同年，位於北投的鳳甲美術館舉行《本草城市：北投，平埔族》，以及二〇一九年《尋找刺桐的家：平埔族群在哪裡》的系列展演、講座及工作坊，邀請北投社後裔共同參與。二〇二〇年舉辦的《流浪的土地公：北投社保德宮的神明地誌學》也延續著這樣的策展意識，耕耘在地原漢信仰社群的歷史記憶、技藝與文化。鳳甲美術館從館長、策展人、行政團隊與策劃團隊，以三年的時間參與宮廟交陪，並在此過程中所建立的互信基礎上，更將展演場域從美術館拉回到保德宮現場，邀請保德宮的潘姓族人共同參與，並結合池府王爺聖誕的日子進行展演的開幕、參與番仔厝庄一年一度的王爺聖誕晚宴。館方在各個環節細緻地融入在地紋理，且逐步建立美術館與地方社群的對話關係，進一步開啟歷史及文化重建得以在未來永續合作的可能。

從臺北市望向大屯山群峰的景貌（攝於二〇二三年）

戰後時期的凱達格蘭族裔雖然曾經歷一段不短的沉潛期，但是從一九九〇年代起，即積極參與北投社文化、歷史的重建與凱達格蘭族群的復振運動，至今不輟。尤其是面對淡北地區境內涉及到自身歷史正義、土地問題的開發工程案件，族人們不但提出爭議，在「北投二十二號公園案」與「保德宮拆遷案」當中，也積極參與地方公共事務的協商，甚至響應周遭部落祖居地的抗爭運動（例如，三貂社族人參與的反核四運動），以及聲援其他部落面對的歷史挑戰（例如，聲援塔塔悠社的松山機場用地徵收、族人的迫遷史），並且運用既有地方政府的資源，進行北臺灣各社族親的尋訪，舉行一系列的文史重建活動。

凱達格蘭族裔也參與全國性的平埔族原住民族正名運動，前往巴宰族、道卡斯族、噶哈巫族等其他族群的部落進行串聯與交流，擔任處理全臺灣平埔族群政治事務的要職（例如，潘慧耀和陳金萬都曾任「臺灣平埔原住民協會」的秘書長）。在行動策略上，凱達格蘭族在正名運動當中，或許有一個象徵意義，即其具有戰略位置上的優勢——臺北做為臺灣的政治經濟中心，同時卻也是凱達格蘭族的傳統領域。當一個國家的政府所在地是平埔原住民的土地，如果沒有深思轉型正義的問題，這個政府可能面臨被冠上「殖民政權」的執政壓力。

另一項特徵就是，當代凱達格蘭族裔也樂於連結關心族群議題的漢人學者與文史工作者，舉辦新聞記者會進行議題的發聲；或是與地方的藝文機構合作，甚至參與其中（例如，凱達格蘭文化館、鳳甲美術館），而這些文藝機構和力量，也樂於轉化地方政府資源，投注在地方族群歷史與文化的耕耘上，兩者之間漸漸形成某種相輔相成的關係。正如研究者莊欽閔觀察到的，凱達格蘭是以族群內部及族群外部之間的互動作為基礎，所發起的族群復振運動。[7]

七星山上的「祭天壇」遠景（呂理昌提供）

七星山上的「祭天壇」近景（呂理昌提供）

然而，與諸多當代族群復振運動與部落再造計畫所面臨的問題一樣，積極在「族內」與「族外」進行政治結盟的人們，仍會有運動路線、資源分配與意見不合之時，並非所有主觀層面都是和諧一致的。群體的內外界線是動態的，不斷面對確定與不確定的衝突。這些衝突因素，往往來自於外部阻力或有意的分化。譬如，政府利用資源分配的主宰權力，讓內部的認同產生衝擊，因而造成失序；公共資源的挹注（或者「介入」）使得情況更為複雜。臺灣社會的弱勢人群在爭取族群認同的過程中，向公部門爭取資源的挹注，似乎是不可或缺的，但這也必然牽扯族群內部資源分配、組織權力結構乃至私人恩怨之糾葛，[8]構成了當代凱達格蘭族人邁向族群復振之路的挑戰。

除了從事身分權利及族群正名運動之外，在一九九〇年代以後興起的文化復振工作中，當代凱達格蘭族人對於「祖靈地」的追索，以及「聖山」觀念的重建，也反映淡北地區的族人從過去至今日百年來，面對外來宗教的影響及信仰轉變下，企圖回返至傳統的宇宙論（cosmology），對祖靈信仰與祭儀進行重新的形塑與再創造。

七星山的「祭天壇」（攝於二〇二〇年）

聖山與祖靈之地

晚近隨著北臺灣凱達格蘭族的復振運動逐漸興起，傳統上淡北地區龜崙族、雷朗族與馬賽族各個部落的後裔族人，已經和其他區域的社群整合成「凱達格蘭族」的身分認同，開始出現以「祖靈地」與「聖山」傳說來重劃部落領域和傳統泛靈信仰空間的行動，行動範圍涵蓋了大屯山系周遭與淡水河、基隆河流域各處。二〇〇二年十月，在北投社兩個部落領袖後代林正雄和潘慧耀、潘慧安耆老的積極籌備之下，於北投舉辦「凱達格蘭族地．刺桐花開平埔文化祭．尋根會飲」系列活動，「臺北凱達格蘭協會」也招集淡北地區各部落的後裔族人參加，甚至在不同舊部落的傳統活動領域，圍繞刺桐老樹共舞吟唱祭歌，並舉行多次傳統祭祖儀式。

歷史學者詹素娟曾指出，這一系列活動所指涉的社域、刺桐、尋根、走鏢、祭祖、跳戲、會飲等，都是「傳統文化」與「歷史記憶」的再現與展演，訴求的是族稱的復名與族群認同。[9]這當中雖然包含原住民族身分的回復訴求，以及文史復振運動的宣傳策略所帶有的社會展演性（performativity），但這不僅為一種「歷史再現」與「文化展演」而已，實際上涉及到傳統祖靈信仰和宇宙觀的重新塑造。例如，族人帶著祭祀的物品和食物，透過唸詞來告知祖靈們，子孫所要進行的復振工作，參與其中的北投社、嗄嘮別社、毛少翁社後裔耆老也在過程中吟唱〈淡水各社祭祀歌〉。[10]

以凱達格蘭族人的角度，過程中是以承認祖靈「真實存在」為前提所進行的祭祀和溝通儀式，並不單純只是面向政府文化部門與漢人主流社會的展演。因為祭祀祖靈所蘊含的意義，在於建立「族人」與「祖靈」之間關係的深層連結，不僅只是具有回返文化及歷史的意義，更蘊藏著對超自然力量的敬畏成分——在根本之處，始終帶有面向傳統及重構泛靈信仰空間的積極意義。

七星山的「天坪」（呂理昌提供）

從臺北士林一帶望向七星山的景貌（攝於二〇二三年）

二〇一三年，凱達格蘭族人在核四廠後方「番仔山」的祭祖靈儀式中，所使用之傳統祭品。（呂理昌提供）

部分族人也認為，在文史復振運動當中，晚近發現的七星山「金字塔」石堆（位於七星山主峰、南峰與東峰之間，外觀為岩石構造，呈現三角形尖塔狀的小山嶺）附近，是凱達格蘭族人昔日祭拜祖靈的神聖空間，在祭典時和祖靈、神靈最近的地方，比較容易跟天神溝通；[11]此外，還有由巨石砌成的「祭天壇」，位在七星山金字塔正北向的地軸線上，有約五公尺高的陡峭石牆，正面朝向「金字塔」，基部有隆起的石塊，中間有三個由石塊堆砌成三角形的「石碑」，中間的石碑較大，兩邊的稍小，但卻相互對稱。

在三個石碑前面，有一相當寬廣平坦

從七星山望向臺北城市（攝於二〇二〇年）

的廣場；距離石牆約六公尺處，則有一個呈現出月彎形的凹地環繞著石碑，在雨天過後會出現一潭池水，呈顯「月牙池」的景貌。由於池子的曲面內朝著石碑，使平坦的廣場呈現出狀似刻意以石牆為中心所設置的特殊場所。至於石碑都沒有雕刻任何文字，也並非是漢人的墓碑，以呈三角形的形狀來看，加上石牆正面朝向著「金字塔」，凱達格蘭後裔族人推測這是傳統凱達格蘭的祭壇遺構，[12]相傳能連接到別的世界，和祖靈對話。[13]

後續，也浮現出凱達格蘭族人將大屯山系附近的幾座山嶺視為「聖山」的觀念。潘慧安耆老曾經口述：

我小時候有聽父親說過，他小時候會和他的祖父帶牛、牲禮走路去七星山對面的小山祭拜，那是他們的聖山。現在那個地點也還在，從七星山往南看，對面小山那邊就是。[14]

「聖山」所指涉的山域空間，除了大屯山系當中的七星山之外，還擴及到北海岸的「番仔山」、「荖蘭山」（靈鷲山）和「基隆山」等處。[15]潘耀璋耆老也曾指出：早在千年以前，新北市貢寮的「番仔山」就被凱達格蘭族人譽為「聖山」，族人為了防止發生不敬和褻瀆祖靈之事，不可以隨意接近該地。[16]二〇〇三年至二〇一三年間，後裔族人也曾經多次到「番仔山」上

祭祖，請求祖靈庇佑後代。在唱完祭歌之後，族人將寫有祭詞及祈福詞句的紙張，摺成三角形狀再燒化掉，表示透過火、煙和祖靈溝通，且過程中不吃魚肉以避免觸犯禁忌。[17]當時祭祖儀式的祭品有檳榔、貝殼與山橄欖葉，並未以漢人燒香、祭拜的方式進行，清楚表明「聖山」在當代後裔族人的理解當中，是與「祖靈的居所」相互聯繫之地。

當代重新復振起來的「聖山」崇拜與祖靈的祭祀儀式——不同於歷史上各自分立的部落社會之組織情形——成為集結各地方族人前來參與之祭祖典儀。更進一步地來看，族人此舉也是將「傳統」實踐於

從七星山望向大屯山群峰（攝於二〇一九年）

上：從北投丹鳳山望向紗帽山與七星山（攝於二〇二二年）
下：從小觀音山望向七星山一景（攝於二〇二一年）

特定的神聖儀式空間當中，重新以「傳統」祭儀和聖山觀念來聯繫「祖靈」與族人之間的深層關係。晚近這一系列將祖靈傳統信仰進行重構的行動，並不回返至已然失落的傳統，反而是透過既往的祖源與遷徙傳說為基礎，以各部落共享的「祖靈」為核心，透過「聖山」的空間觀念來重建各個部落後裔族人之間已經過於斷裂和分散的人地關係，塑造出一種新的祖靈信仰空間及祭祖儀式——這是未曾見於歷史文本中的聖山敘事與祭祀型態。

事實上，族人的傳統祭儀，本來就鮮少被記載於歷史文本之中。在此種宇宙觀的形塑過程中，不論是被視為「聖山」的

七星山，或是山嶺上「祭天壇」所蘊含的泛靈觀念，皆不同於過去在殖民歷史時期的文獻裡，族人接受外來信仰、宗教轉變後形成的神靈觀：在祭儀當中面對的對象，並非是漢人宗教裡的土地神、王爺與基督宗教中的上帝，而是自身族群的祖靈，以及由「祂」所維繫的神聖空間。

儘管晚近凱達格蘭族人參與祭祖活動的人數仍然有限，但自一九九〇年代以來，幾乎淡北地區各社的族裔代表皆有出席。顯然，當代族裔對於「聖山」與「祖靈地」的信仰重構，已經呈現出別於十七至十九世紀時，族人面對外來殖民者與漢人移墾者帶來的信仰型態轉變。當代凱達格蘭族

從陽明山國家公園眺望士林、石牌一帶（攝於二〇二一年）

從陽明山國家公園望向臺北盆地（攝於二〇一九年）

人重返至「傳統」的聖山，並對祖靈信仰與祭儀進行重新形塑的過程，涉及到原住民族對地理環境與傳統泛靈信仰、宇宙觀的重建、修復和調整，並進行「人」與「靈」關係的重新銜接，創造出一種新的「傳統」信仰與祭拜現象。

事實上，在當地漢人耆老的認知中，這處山域也存在不屬於漢人的山靈和精怪。我曾經訪問世代都住在陽明山竹子湖地區的曹姓家族，該家族在七星山的天坪附近，有一座建於一八七〇年（同治九年）的古墓，每年清明時節，由家族派下各房的後代輪流祭祀。掃墓之前，都要先走一個多小時的曲折山徑，才能來到祖先的墳前祭弔。當地一位曹姓耆老和我講過一則他親身經歷的奇異之事：

> 有一年，輪到我去七星山上掃墓。我和幾位親戚祭拜結束、燒完紙錢的時候，我們家古墳上面的山坡處，突然出現一個像人形的白影，散發著白光。那時在場的幾個人都有看到，全部驚呆了，都想說祂是不是「山靈」？祂就一直在那邊，大概維持有半個小時這麼久，才消失不見。[18]

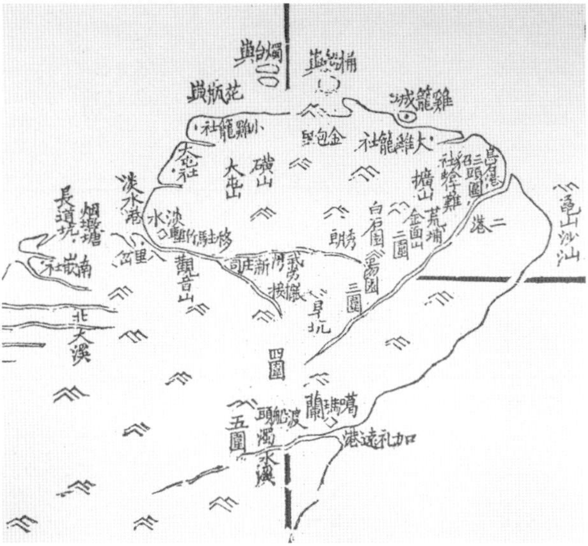

一八六四年《福建全圖》中的磺山、大屯山與觀音山（攝於臺灣原住民族圖書資訊中心）

這一類超自然之物，本身就屬於此地的山林，並且先於漢人居民而存在，即使是世代居住此地的漢人家族，也對祂們有所敬畏。地方上，和那一位曹姓耆老有過類似的親身經驗，以及相似的超自然傳聞案例，更是多不勝數。只要是長年在七星山一帶採箭竹筍的老農和居民，都有一些經歷和聽聞，甚至衍生出自身的民俗儀式和慣例，作為和這一座山「共處」的倫理。儘管原住民的「靈觀」仍與漢人不同，但這一處「屬靈」的山域——幾乎是地方漢人居民和原住民族人之間共享的認知。

一九三五年《大屯山彙》中的七星山、大屯山與觀音山（攝於「林森人文書齋」常設展）

大屯山系作為一處獨立於中央山脈與雪山山脈的山體，在凱達格蘭族群的復振運動當中，具有重要的「靈性」（spirituality）意涵。從族人的角度，大屯山系並不是臺北這一座城市的郊山，也不只是政府所設置的「陽明山國家公園」（一九八五年設立至今），而是一處連結了「人」與「靈」的神聖場所。儘管凱達格蘭族的歷史境遇與臺北這座城市的發展史，早已緊密地鑲嵌在一起，但是平埔族人在臺灣過往的「城市史」書寫當中明顯被忽視，在當代城市發展的進步視角底下，族人往往被視為「過去」的一部分，或是已經不存在的「祖先」。事實上，凱達格蘭族人作為大臺北都會區的原住民，他們仍然生活在這座城市裡。

這一處獨立於北臺灣的山域，從漢人與清帝國眼中的「磺山」，變成了日本殖民者的「草山」，再成為中華民國政府與當代臺灣漢人的「陽明山」。尤其是今日「陽明山」之名，是戰後來到臺灣的統治者，為這一處山域冠上的名字，取自明代著名的文人王陽明。陽明山國家公園內仍豎立著王陽明的塑像，即使這位文人和這座山毫無任何關係。每次我經過都感覺，這其實是一座定居型殖民者的紀念碑，憑空取代了原住民族人在此地的歷史脈絡；未來，此地應該要有一座凱達格蘭族人的塑像，才能夠還予族人一個基本應有的歷史正義。

今日凱達格蘭族人已經無法自外於這個國家以及它所建立的首都圈，也難以從社會結構與制度性的族群治理當中完全逃離（反而必須積極地干預、介入、協商和抗爭）。但是，晚近凱達格蘭族的復振運動，仍深信著臺北這一個城市所坐落的位址，以及周圍的山川土地，存在著真實的「靈」。當代凱達格蘭族人對於「聖山」觀念的重建，彷彿在對著這一座「定居殖民城市」喊話，在政府還沒表達出任何的歷史批判和對等尊重，也還沒有徹底解決這座城市和原住民之間的歷史不正義與不平等關係之前，凱達格蘭族人不會接受任何政治人物或漢人群體，以任何名義向族人提出的「道歉」與「和解」。

今日的石牌捷運站附近，在建民路、自強街與致遠路一帶，當地漢人耆老稱為「番社」，相傳昔日為原住民族人的居住之地。從淡水的「番社角」，北投的「頂社」、「中社」和「下社」，以及石牌的「番社」、士林的「社子」等地名，都可以窺見這些地方曾經是原住民部落的舊址。隨著都市化的發展，不少地方已經蓋起高樓大廈，令人完全看不出昔日的景貌。循著這些圍繞於大屯山系周遭的部落舊址，族人在重建「聖山」與「祖靈地」的過程，彷彿也正在重寫一部北臺灣的「城市史」。這也使我重新反思，是否能夠思索一種「萬物有靈」的都會發展倫理？此種關於「靈」的倫理，是否具有一定的滲透性，能夠產生局部且微型的轉變？處於持續流變與創造中的復振，不僅是文化與歷史記憶的建構，更是當代族人對於靈性世界與超自然祖靈的召喚，「靈」也許指向了凱達格蘭族人重新找回自身主體性的未來路徑之一。

陽明山國家公園內的王陽明塑像（攝於二〇一六年）

註1：施正鋒，〈平埔族原住民族身分的喪失與回復〉，發表於臺南市政府主辦「西拉雅平埔族原住民族學術研討會」（臺北：臺灣大學社會科學院國際會議廳，二〇一二年十二月十八日），頁三。

註2：葉高華，〈排除？還是放棄？平埔族與山胞身分認定〉，《臺灣史研究》第二十卷第三期（二〇一三年九月），頁一七八～一七九。

註3：葉高華，〈如果說，平埔原住民從來就不是「山胞」？〉，《Mata Taiwan》（二〇一三年十一月二十八日），網址：https://www.matataiwan.com/2013/11/28/if-pepo-is-not-mountain-indigenous/。

註4：林衡道，〈北投「番仔王爺」的祭典〉，《臺灣風物》十二卷四期（一九六二年八月），頁七～八。

註5：陳金萬，〈找回，自己是誰！凱達格蘭族（Ketagalan）：如歷史幽靈般的迴蕩〉，《臺灣教會公報》第三三八四期（二〇一七年一月），頁十四～十五。

註6：陳金萬，〈凱達格蘭、臺灣與中華民國：回應蔡正元的不當發言〉，《民報》（二〇一八年十一月二日），網址：https://www.peoplenews.tw/news/9f11cf16-3049-49af-860e-a89c7eb0f442。

註7：莊欽閔，《傳統與平埔文化復振運動：以噶瑪蘭族與凱達格蘭族為例》（新竹：國立交通大學語言與文化研究所碩士論文，二〇〇四年），頁六十四。

註8：毛榮富，〈臺灣文化中的平埔原住民族元素：系統，還是基質？〉，《臺灣國際研究期刊》第十一卷第四期（二〇一五年十二月），頁五十～五十一。

註9：詹素娟，《陽明山國家公園七星山天坪及竹子湖考古學研究》（臺北：內政部營建署陽明山國家公園管理處委託研究報告，二〇〇四年），頁四十。

註10：鄭弼偉，〈七星山凱達格蘭金字塔遺跡探尋〉，《PeoPo公民新聞網》（二〇一一年十二月九日），網址：https://www.peopo.org/news/88751。

註11：原引用文章網址已廢止，轉引自詹素娟，《陽明山國家公園七星山天坪及竹子湖考古學研究》（臺北：內政部營建署陽明山國家公園管理處委託研究報告，二〇〇四年），頁五十。

註12：林勝義、何顯榮，《臺灣：人類文明原鄉》（臺北：臺灣飛碟學研究會，二〇〇一年），頁一三〇。

註13：鄭仕欣、宋卉凌，〈七星山神秘軸線！昔為凱達格蘭族聖地，兩大巨石連接祭祀壇〉，《三立新聞網》（二〇一六年六月一日），網址：https://www.setn.com/News.aspx?NewsID=151983。

註14：筆者訪談，〈潘慧安耆老口述〉，二〇一八年十二月。

註15：黃美英編，《凱達格蘭族文化資產保存：搶救核四廠遺址與番仔山古蹟研討會專刊》（臺北：臺北縣立文化

中心，一九九五年），頁二十一、二十三。

註16：潘朝成，〈臺灣核能電廠、核能廢料與臺灣原住民族處境〉，《臺灣原住民族研究學報》第二卷第四期（二〇一二年十二月），頁一七二。

註17：原視新聞臺，〈中斷六年　凱達格蘭族赴核四廠祭祖〉（二〇一三年四月十日），網址：https://www.youtube.com/watch?v=m0MiJe_MM8A。

註18：筆者訪談，〈曹姓耆老口述〉，二〇二一年十月。

後記

人、地與靈的流轉

土地的命名，往往與原漢人群的分布與居住位置有關，甚至涉及某群人曾在某地生活的歷史過程。今日，淡北地帶仍留有和原住民有關的地名與記憶：淡水的舊稱「滬尾」（Hobe）源自於凱達格蘭語的某個村舍之名稱；[1] 士林的舊名「八芝蘭」（Pattsiran）為凱達格蘭語「溫泉」之義；「北投」（Kipataw）即凱達格蘭語之「有女巫的居地」；「唭哩岸」（Ki-Li-Gān）是凱達格蘭語之「海灣」音譯，此地在昔時為舊淡水河向北突出的彎曲地帶，形似一道海灣，故可能因這樣的地形而命名；「嘎嘮別」（Haraube）之名，在凱達格蘭語中為「飢餓」、「哭泣」之意；[2] 湖山里的艋舺崙，意指形似「艋舺」（Bangka，

獨木舟之意）的山頭。這些地名可能在漢人移入之前就存在，「嗄嘮別」、「北投」、「唭哩岸」甚至還是今日地籍界段圖、地方行政區與捷運站的名稱，也是淡北地方漢人的日常用語。

由漢人命名的則有「番婆崙」、「番仔崙」、「番寮」、「番社」、「番仔山」、「番仔田」、「番婆嶺」、「番仔井」、「番仔樹空」等。[3]其中和「番仔」、「番婆」相關的地名帶有漢人中心視角、具有汙名的意味，明顯和漢人的移墾與開發史有關，但是並沒有隨著原漢界線的消弭而不復存焉，反而仍在原住民的舊居地以蔑稱的形式，繼續為地方上的居民所沿用。例如，

從小觀音山望向七星山群峰（攝於二〇二一年）

今日位於士林天母的「番仔井」（攝於二〇一九年）

我在北投下社訪查時，詢問居民住在何處？得到的回答仍是「番仔厝」；水磨坑溪仍稱「番仔溝」。多數漢人對於土地的思維，並沒有隨著現代化的都市發展而「更迭」和「進步」，依然停滯在漢人定居者那偏執的歷史觀當中。這些地名就如同「定居殖民城市」的標記，深深地刻鑿在這座城市的精神裡。

土地命名的方式，從漢人尚未到來時的原住民族語，到後來被漢人用蔑稱原住民的漢語地名所取代，甚至這類地名在民間社會的記憶中依舊清晰可辨，存在今日淡北地區的土地上。這讓我想起，擔任過原民會主委的林江義，時常在私下場合或是會議場合說：「我們以前都被平埔族人笑番仔」、「平埔族都講福佬話，不像原住民」。[4]但是，在臺灣漢人的民間社會中，平埔族原住民的舊居地仍然被清楚地標記為「番仔」之地，許多漢人耆老對於平埔族群的辨識方式仍清楚地存在，部分的族人也從未忘記自身是原住民。

儘管如此，二〇二二年中華民國憲法法庭「憲判字第十七號」宣布《原住民身分法》部分條文違憲的前夕，當時的原民會主委夷將．拔路兒（Icyang Parod）就表示：若憲法法庭判定要將平埔族納入「平地原住民」，現有二十七萬人口數的參政權、考試權及原住民保留地等相關權益，將首當其衝、影響很大。[5]同月間，跨縣市的平地原住民選區之議員，則在新北市議會召開「平埔族變平原，原住民被消滅」記者會，宣稱平埔族群若加入法定的「平地原住民」，將會稀釋掉既有資源和參政權之分配問題。[6]我們可以看到，歷來的原民會官員或一些原住民菁英反對平埔族恢復成為法定原住民的理由，大多是「平埔族都已經選擇漢化」與「引發資源競爭及假平埔族問題」。[7]這樣的論調，使平埔族群在歷史上既肩負「不願為番」的沉痛控訴，在當代也背負著想要「返來作番」的陰謀論質疑——被認為是要來和法定原住民爭奪資源——都成為推動「正名」、「復權」所必須

北投社頂社的舊地、水磨坑溪上游一帶，漢人居民祭祀的萬善祠。（攝於二〇一七年）

位於大屯山山腰、貴子坑溪上游一帶的百姓公廟（攝於二〇一九年）

今日位於北投社頂社的舊地，地方漢人居民祭祀的「地主公」。（攝於二〇一七年）

直接面對的現實困境。[8]

從現實資源分配的角度，有研究者認為當今原住民族的社會保障制度，也就是國家的「福利殖民主義」力量，驅使平埔族人紛紛回過頭來做「原住民」，進而擔心平埔族裔若是因為這個原因，以個人利益的心態出發，而非從「文化完整性」或「族群認同」的意識，來恢復原住民族身分，將會產生不少令人可疑的動機，甚至是將利益取向的政治考量摻雜其中，[9]加劇原住民族內部之間的不平等競爭。畢竟，平埔族群面臨的漢化程度較高，這是不爭的社會事實，而「漢化」作為一個持續且動態的過程，也在一定程度上使得平埔族群「享受」了部分果實。[10]已然漢化的平埔族人所能享有的資源利益，可能和漢人是不相上下的。

但是，平埔族群所遭受到的歷史不正義和社會創傷，也是鐵板一塊的事實，族人仍有要求政府返還其應有的基本權之權利。如果以平埔族群過度漢化或國家資源有限等理由，拒絕承認平埔族群的原住民族身分，無論是透過行政法解釋或司法判決的方式，來排除平埔族群取得法定原住民身分，都有違反憲法之虞。[11]關於平埔族群「漢化」的問題，我們仍需要進一步將國家單位和不同原住民行動者的角色，置放於漢人的「定居型殖民」結構當中來審視，察覺到不同的權力協作關係中形成的殖民性因素，進行一種協作式殖民的批判及歷史化的反思——直面歷史加諸於原住民族身上那些交織纏繞的殖民性問題，來理解平埔族群未竟的歷史正義和原漢糾葛。

這也讓我想起，十九世紀末北投社領袖潘有祕，被伊能嘉矩記錄下的一段口述：

> 我們並不知道開基祖的名字叫什麼。他們原來居住於「山西」地方，這地方出了一個妖怪，經常趁人家睡覺時，將每一個人所蓋的棉被取走，然後消失於空中。因此，平埔蕃日夜提高警覺，不敢睡覺，白天大家玩連手遊戲，而晚上則圍爐而已。這妖怪的名字叫Sansiau（山魈），不知經過了多久，還是不肯離去的樣子。社蕃彼此交換意見後，說：既然在這麼久的時間裡受盡了痛苦，倒不如舉族遷到其他地方，避開這妖怪。祖先就砍伐竹木，編造一隻竹筏，讓全族的人上船。出海時，也沒有什麼目的地，只是讓竹筏隨風漂流，過了若干白天與夜晚後，發現了陸地，高高興興地登陸了。

登陸的地點，在臺灣北部的鞍番港，也就是現在深澳這個地方。祖先在那裡定居下來，形成一個部落。後來人口增加了，無法容納眾多人，因此採集了一些當地的草莖，做成草籤，大家約定說，抽到長籤的人永遠居留於平地，抽到短籤的人，則進入深山峽谷內居住，不論抽到那一種籤，決不後悔。結果抽到短籤的人，進入深山峽谷，變成高山蕃；而抽到長籤的人，便住在平地曠野，成為平埔蕃。後來平埔蕃企圖佔有山地，高山蕃看到這情形便大怒，說道：既然已經佔有平地，還不知足而想侵佔我們的土地，實在沒有道理。從此以後，他們高山蕃一看到平埔族，就要

殺人才會甘心，這樣「馘首」的行為變成他們的風俗了。[12]

當時伊能嘉矩在淡北地帶各部落採錄到的祖源傳說，內容上都不盡相同。這是其中一則提及，在遠古時期來到臺灣島上的原住民族為何會「分家」成為「平埔蕃」與「高山蕃」的傳說版本。仔細審視傳說敘事，會發現後半段的內容很像北臺灣泰雅族傳說中，一群名為「司卡馬雲」（Skhmayun，有數目眾多之意）的人群「分家」的故事。泰雅這一端的口傳，因為司卡馬雲人的祖先在抽籤時，用計欺騙了泰雅族人的祖先，所以雙方就約定好，之後若再遇到司卡馬雲人的時候，泰雅人會以

從關渡平原望向大屯山和七星山（攝於二〇一八年）

「獵首」來判斷彼此的是非對錯。[13]因此，在一些泰雅族遷徙的傳說中，泰雅族在桃園的大嵙崁山區一帶和司卡馬雲人遭逢，並將其驅趕至臺北萬華、板橋一帶的平地。

也許是因為地緣關係，凱達格蘭族與泰雅族各自分別在北臺灣的山地與平原上生活，雙方在過去也有交易和衝突的互動經驗，使泰雅族與凱達格蘭族能夠相互理解彼此，也共享了雙方的祖源傳說和遷徙故事。不過，潘有祕的敘事版本中，「獵首」已經不再是雙方共同的約定，而是泰雅族人在面對平埔族才有的作為。縱使在十六世紀時，北投社的原住民仍然擁有「獵首」習俗，但這個口述紀錄裡還是隱含了一個強烈的區辨：十九世紀末的凱達格蘭族是較文明的人群，已經和高山原住民的文化習俗不一樣了（高山蕃會「馘首」），呈現平埔族與高山原住民在百餘年來，確實遭遇了極為不同的歷史經驗和社會環境的鉅變。到了戰後時期，平埔族群在文化上也被迫選擇另一條更為曲折的道路，走向臺灣當代的社會。

因此，也有能夠同理平埔族處境的原住民學者，對於當代平埔族群爭取身分認同的復振運動，有著更為深層的思考，認為「資源瓜分」的說法是一個假議題。若具有原住民身分認同的平埔族群加入法定原住民的群體，只會壯大原住民族在臺灣的基層實質政治及經濟實力，在面對漢人官僚的殖民思維和族群分化政策時，就能有更加龐大的社會抗爭基礎和能量。[14]原住民族如果能適度增加人口數，在中央國會及地方議會的席次也可以達到最起碼的規模，那麼以漢人為主的政治結構，或許會比較願意在原住民族的各項基本權利上，作出較多的讓步，[15]也更有機會產生結構性的調整。

當前平埔族人所面臨的層重挑戰依舊存在：從歷史來看，平埔族與法定原住民族之間的爭論、矛盾和分化，是自清帝國「生番／熟番」、日本殖民時期「高山蕃（高砂族）／平埔蕃」至戰後國民政府的「法定高山原住民／法定平地原住民／平埔族群」分類，這一系列行政區辨、管理措施及治理機制下的產物——映射了過去「以文明程度進行分類」、「以蕃制蕃」的歷史意識形態——使我們察覺到看似當代的族群身分問題，並非是沒有歷史脈絡可循。回到這本書的寫作，便是從族群復振的角度，將平埔族人對於「靈」的持續追索與維繫過程，視為一項重要的基礎工作：聚焦於淡北地區凱達格蘭原住民族人的部落傳統信仰，以及面對外來殖民者與漢人移墾時產生的信仰變遷，再進入到當代的平埔族群復振運動——呈現凱達格蘭族人正在以自身的方法與思維，重新「成為原住民」的奮鬥過程。

面對今日城市的急速發展，要如何從凱達格蘭族的角度，共同討論出一種新的土地計畫與都市更新的倫理？又是否能在都市再造的過程中，納入凱達格蘭族人的傳統知識和在地觀點？甚麼樣的土地觀念和律法，可以讓過去漢人侵墾原住民部落土地的歷史憾恨不再發生？也能避免讓保德宮在二〇一〇年所面對的拆廟悲劇不再重新上演？面對這些待解的難題，我認為「靈」的存在仍具有重要的作用，至少能夠逼顯一種認識論層面上的「解殖」（decolonization），也能重建生命與土地關係的存有論，進而將臺北這一座城市重新原民化，甚至以凱達格蘭族人的角度，重構一座城市的「靈性」與日常生活。凡

今日的關渡平原一景（攝於二〇二三年）

此，都是極為迫切的實踐性問題。

「靈」不僅是與祖先的連結，還意味著和過去、當下與未來在時空當中的聯繫，也是一種關係性的生態整體觀，以及趨近於萬物共處的倫理。這和漢人民間社會的地基主信仰、孤魂信仰與土地公信仰，在「靈力」所蘊含的超自然特性上，存在可能重新協商彼此宇宙論與歷史觀的政治實踐空間，甚至產生另類的社會行動可能性。

不可諱言地，已然「土生土長」的定居者後代當中，不乏已經在地化的漢人，也就是說，定居者也不是同質性的群體，漢人族群如何於在地化之後，同時也承認原住民的存在，並且實踐一種不會取代原住民

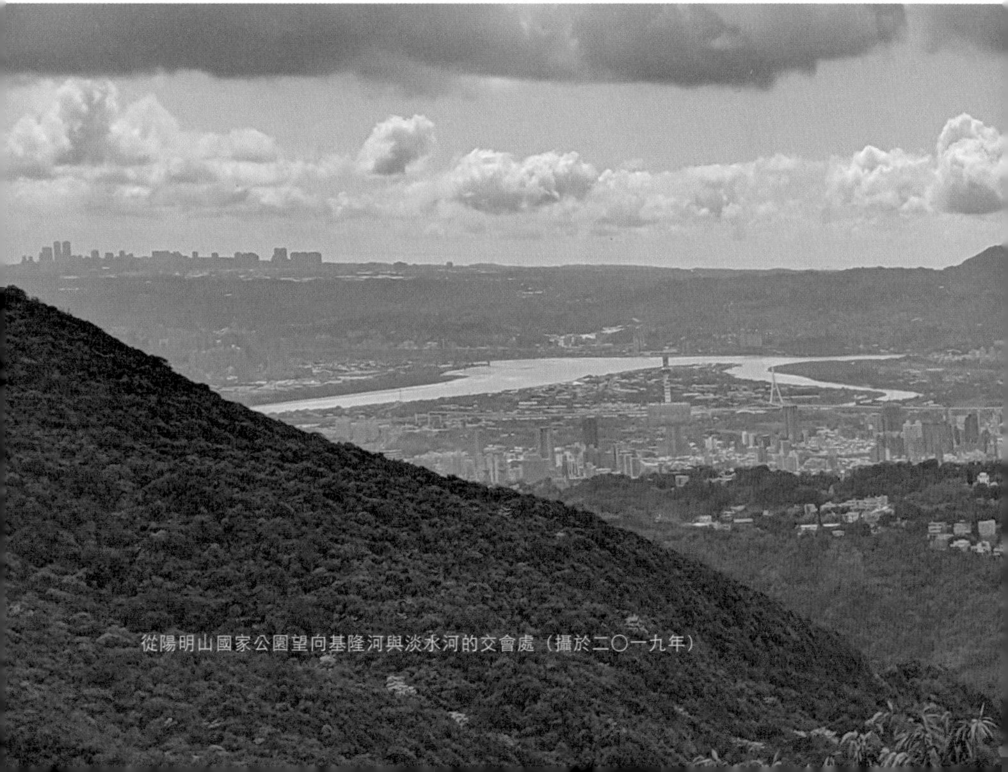

從陽明山國家公園望向基隆河與淡水河的交會處（攝於二〇一九年）

的「族群共榮」城市？尋求彼此的對話與歷史協商，將會是我們在定居殖民結構的裂隙當中，必須努力開通的路徑。

因此，必須再次強調，面向「靈」的存在與倫理，對原住民族來說仍至關重要。這本書以過去幾個世紀的時間縱深為書寫的尺度，除了在有限的史料裡，窺探歷史上鮮少記錄的傳統祖靈信仰，也描寫了十七至十八世紀當中，族人對於荷蘭、西班牙傳教士與天主教信仰的態度，並非全盤的接納，實際上是藉由自身傳統觀念來理解天主教儀式，並基於各部落之間維持勢力平衡的因素，進行「獵首」傳教士的行動，呈現相當程度的主體性與能動力；

從七星山望向關渡平原（攝於二〇二一年）

原住民在面對清治時期的漢人通事、關渡宮與媽祖信仰時，除了對於「神靈」觀念的跨文化翻譯及理解，也透過「捐獻」與「喜助」等方式，凸顯自身在漢人信仰及社會秩序當中的位置和影響力。

接著，十九世紀以來經歷番仔王爺信仰與基督教信仰的傳入，逐漸形成「保德宮」與「自立長老教會」兩個信仰組織，雖然經受漢人與西方宗教觀念的強烈影響，至今原住民族人卻透過這兩種迴異的信仰型態，凝聚族人及家族的行動力量。值得注意的是，對於北投社歷史與口傳記憶、生活記憶較鮮明的族人，大多來自昔日頂社的原住民家戶，番仔厝保德宮與北投基

從七星山望向臺北城市（攝於二〇二一年）

督教長老教會在這之中，即扮演重要的組織與凝聚族人的作用。尤其在一九七〇年代末，番仔王爺前往北投社頂社貴子坑一帶「殺鬼」的事蹟裡，我們看到了百餘年以前仍是外來者的「王爺」，被頂社的原住民族人帶回部落，但在百年以後，祂越過了漢庄的境界，撫平了舊部落附近的亡靈，彷彿唯有在超自然的世界裡，族人與祂遭逢的歷史，早已實現了一種跨越時空的共生，以及族人與外來神靈之間的歷史和解。從潘姓家族與保德宮的發展史中理解到，保德宮的管理與財務，皆是由潘姓族人負責；王爺的神蹟故事，能夠從家族內的口述耳聞，傳向整個番仔厝庄的街談巷議，也與潘家有緊密的關係。潘姓族人為了廟的存續，訴諸保德宮乃是「庄民的共同信仰意識」，以地方民心成就了二〇〇四年到二〇一八年在土地訴訟、暫時安置的政治協商的基礎。

既往的漢化論述，很容易誤認這是一種同化的過程，是原住民接受漢人的文化與宗教信仰方式而毫無差異地全套移植，但是當代仍然努力守護「保德宮」存續命脈的潘姓族人，與其說是被「被漢化」，不如說他們依然蹣跚地在文化與社會困境之中，在面對政府對於土地使用權的干涉、漢文化的影響，以及同族群復振運動若即若離的關係當中，摸索一條自己得以「自主」之路。同一時期，凱達格蘭族的復振運動也在一九九〇年代

從基隆河望向七星山（攝於二〇二〇年）

之後逐漸奮起，積極參與地方公共事務、歷史記憶的重建與全國性的族群正名運動，並透過基督宗教（自立長老教會新北投教會）與民間神靈信仰（保德宮）來持續凝聚族人的能量。

另一方面，在淡北地區原住民族的傳統部落領域境內，所形成的「地基主」、「星蕃靈公」、「番仔土地公」、「平埔社土地公」等淡水社、北投社和毛少翁社等遺留的泛靈信仰，有著原住民和漢人民間信仰彼此相結合的特徵。或許我們可以說，當漢人的肉身和文化突破歷史的接觸點、跨越與清除「番界」的同時，原住民族群的泛靈信仰並沒有隨著現實上勢力的衰退而全面移動與被徹底清除，反而越入到漢庄境界之內轉化為土地神和地基主，形成某種「靈力的越界」，這比族群建構出來的人文地理界線更不容易被消弭。

今日淡北地區部分的土地公祭祀，表面上具有從部落「公廨」轉變為土地神祠的信仰變遷軌跡，但從「靈」的角度而言，不論是人與靈的交涉，或是神靈／祖靈的流轉，實際上都僅是不同族群對當地原來的超自然神靈之崇奉，「靈」仍以另一種形式存在及延續於土地之上。即便經過臺灣史的不同時期、不同地域人群的膜拜與祭祀，同一個「物」雖然被視為不同名稱的神尊、經過不同的民俗文化詮釋，以及用詞的重新演替與更名，仍然在泛靈觀念上存在著某種交集，最終使得「靈力」蘊含的超自然性質，得以藉此不斷地跨越各種不同層次的界線。

這本書描繪了淡北地區凱達格蘭族裔的歷史與文化，從族群互動記憶、口述歷史到信仰變遷，挖掘北臺灣當代凱達格蘭族裔的記憶與文化，思考了其中不同面向的主題，並且強調原漢界線的消長過程中，原住民信仰中「靈力」的流變和作用。對我而言，這是一部以凱達格蘭族的歷史、信仰流變與當代文化復振為敘事主軸的「尋靈的書寫」。

透過地方耆老的口述歷史與鬼神、廟祠、墳塚的調查，聚焦於原漢界線的消弭與存續，強調漢人群體與土地制度對於原住民族的衝擊，以及原住民這端的行動與回應。此外，亦進一步試圖書寫當前在族群文化復振運動中的祭祖儀式，呈現當代凱達格蘭族裔透過對傳統祖靈信仰的形構，已經浮現出了一種嶄新的人地關係的想像。

最後，二十世紀末至今伴隨文化復振運動而興起的祭祖儀式，以及凱達格蘭族裔對「祖靈地」與「聖山」空間觀念的重塑，事實上涉及到對於祖靈信仰傳統的重構與再創造。族人以過去祖源傳說與遷徙傳說裡共享的「祖靈」為核心，透過「聖山」的空間觀念來重建各個部落後裔族人之間已經過於斷裂和分散的人地關係，重新形塑出一種新的祖靈信仰型態。相較於當代其他平埔族群從重建「公廨」與找回「傳統祖靈祭典」而來的復振型態，凱達格蘭族群在「靈」的問題上，是以具體地理空間中的「聖山」與「祖靈地」的重建，作為族人復返至原民宇宙論與靈性生態學的追索路徑。這或許是在正名、復權之後，族人從事文化復振的核心之處，進而是未來以凱達格蘭族為主體的文史書寫相當重要的部分。

註1：張建隆，〈滬尾地名考辨〉，收於《尋找老淡水》（臺北：臺北縣立文化中心，一九九六年），頁四十九～六十七。

註2：筆者訪談，〈潘國良耆老口述〉，二〇一七年四月。

註3：整理自陳國章，《臺北市地名辭典》（臺北：國立臺灣師範大學，二〇〇二年）。

註4：潘朝成、段洪坤，〈變與不變：平埔族群復名復權運動〉，《臺灣原住民族研究學報》第八卷第四期（二〇一八年十二月），頁六十七～九十三。

註5：林詠青，〈平埔族納平地原住民明辯論　原民會：衝擊現有原民參政權〉，《財團法人中央廣播電臺》（二〇二二年六月二十七日），網址：https://www.rti.org.tw/news/view/id/2136961。

註6：王鴻國，〈北北基桃宜原民議員　反對平埔族納入平地原住民〉，《中央社》（二〇二二年六月二十六日），網址：https://www.cna.com.tw/news/aloc/202206260211.aspx。

註7：林江義，〈臺灣原住民族官方認定的回顧與展望〉，收於潘朝成、劉益昌、施正鋒主編，《臺灣平埔族》（臺北：前衛，二〇〇三年），頁一六五～一九〇。

註8：謝若蘭，〈平埔族群恢復族群身份之權利伸張與策略建議〉，《臺灣原住民族研究學報》第五卷第一期（二〇一五年三月），頁五十。

註9：張朝琴，〈族群認同與族群關係：「平埔族自我認同」迷思〉，《三民主義學報》第二十五期（二〇〇二年十二月），頁一六四。

註10：連容仕，《平埔族裔身分認定：以我國法制為中心》（臺北：國立政治大學法律學系碩士班碩士學位論文，二〇二一年），頁六十四。

註11：潘朝成、段洪坤，〈變與不變：平埔族群復名復權運動〉，《臺灣原住民族研究學報》第八卷第四期（二〇一八年十二月），頁六十七～九十三。

註12：伊能嘉矩著，楊南郡譯，《平埔族調查旅行：伊能嘉矩〈臺灣通信〉選集》（臺北：遠流，一九九六年），頁一一九～一三二。

註13：參見阿棟‧尤帕斯（Atung Yupas），《泰雅爾族神話傳說》（臺北：臺灣基督長老教會泰雅中會母語推行委員會，一九九一年）。

註14：謝若蘭，〈平埔族群恢復族群身份之權利伸張與策略建議〉，《臺灣原住民族研究學報》第五卷第一期（二〇一五年三月），頁五十五。

註15：施正鋒，〈從權利保障探討平埔族原住民族身分被剝奪〉，《臺灣國際法季刊》第八卷第一期（二〇一一年三月），頁七～三十八。

上：保德宮王爺生日當天，邀請關渡媽與清水祖師來廟裡。（攝於二〇一七年）
下：王爺生日當晚，廟方辦桌宴請居民的平安餐。（攝於二〇一九年）

EMPORIO

二〇二〇年，在保德宮內放映筆者拍攝的南巡參香影像。（攝於二〇二〇年）

北投保德宮旁的紅磚圍牆（攝於二〇一七年）

凱達格蘭族的居地，今日的臺北盆地一景。（攝於二〇二〇年）

筆者於凱達格蘭文化館《安身》展覽中，
展出的作品《越界的神靈：番王爺》。（攝於二〇二四年）

下社
歷史與信仰的對話
Dialogues Between History and Spirituality
《越界的神靈：番王爺》
The Transcending Spirit: Fan Wangye
梁廷毓
Liang Ting-Yu

Misfits 29

神靈越界：人群、眾魂的歷史競逐與原民復振

作　　者｜梁廷毓
責任編輯｜許家旗
協力編輯｜陳嘉伶
封面設計｜葉捷文、梁廷毓
圖文設計｜葉捷文、梁廷毓
內頁排版｜葉捷文
封面題字｜黃月美
印　　刷｜漢藝有限公司
初版一刷｜2025 年 1 月
定　　價｜520 元
I S B N ｜978-626-99174-1-9（平裝）

出 版 者｜游擊文化股份有限公司
電　　郵｜guerrilla.service@gmail.com
網　　站｜https://guerrillalibratory.wordpress.com
臉　　書｜https://www.facebook.com/guerrillapublishing2014
法律顧問｜王慕寧律師

本書如有破損、缺頁或裝訂錯誤，請聯繫總經銷。
總 經 銷｜前衛出版社 & 草根出版公司
地　　址｜104 臺北市中山區農安街 153 號 4 樓之 3
電　　話｜(02)2586-5708
傳　　真｜(02)2586-3758

國家圖書館出版品預行編目 (CIP) 資料

神靈越界：人群、眾魂的歷史競逐與原民復振 / 梁廷毓著 .
-- 初版 . – 臺北市：游擊文化股份有限公司 , 2025.01
320 面；14.8 x 21 公分 . -- (Misfits ; 29)
ISBN 978-626-99174-1-9(平裝)

1.CST: 臺灣原住民族　2.CST: 民族文化　3.CST: 信仰　4.CST: 歷史

536.33　　113016917

本書獲「113 年度新北市政府文化局地方文史工作出版計畫」補助